EVENT DRIVEN
イベントドリブントレード入門

価格変動の要因分析から導く出口戦略

羽根 英樹
Hideki Hane

【免責事項】

※本書内容に正確を期すよう万全の努力を払いましたが、記述内容に誤り、表現の不統一などがありましても、その責任は負いかねます。何卒ご了承いただきますようお願いいたします。

※本書に基づく行為の結果発生した障害、損失などについて著者および出版社は一切の責任を負いません。

※本書は2019年（平成31年）1月時点の状況に基づいて執筆しています。

※本書に記載されているURLなどは予告なく変更される場合があります。

※本書に記載されている会社名、製品名は、それぞれ各社の商標および登録商標です。

CONTENTS

第1章　イベントドリブンとは何か ——————9

　　イベントドリブンの定義……10
　　相場が動く理由……12
　　イベントトレードを実践するきっかけ……14
　　あまのじゃくのほうが儲かりやすい？……16
　　イベントドリブンでトレードをやってみよう……17
　　会社員でもトレードは可能……19

第2章　株価指数と機関投資家の売買行動 ——————23

　　インデックスファンドは指数より儲けてはいけない……24
　　指数のルールが分かればインデックスの売買が分かる……25
　　日経225……26
　　TOPIX……36
　　東証一部昇格……38
　　MSCIほか……39
　　指数のルール変更には要注意……41
　　新規アクティブファンド……44
　　アクティブファンドのリバランス……47

第3章　公募増資 ——————51

　　公募増資とは……52
　　公募増資が中止になった場合……57

売出し……60
立会外分売……62
データでみる立会外分売……66
貸借銘柄と非貸借銘柄……66
市場別の考察……70
ディスカウント率……72
ブロックトレード……74

第4章　TOB（公開買い付け） ──── 77

MBOとTOB……78
友好的TOB……81
買取り上限があるTOB……82
株式交換によるMBO……91
特別配当付きTOB……97
スクイーズアウトについて……100
TOBが不成立になるケース……105
TOBは事前に予測できるのか……108

第5章　株主優待の本質 ──── 111

株主優待取るべきか取らざるべきか……115
株主優待品で人気に差がつく……117
売買の主体は個人投資家……118
人気優待銘柄の値動き……119

CONTENTS

　　株主優待の新設……124
　　株主優待の廃止および改悪……127

第6章　新規公開株イベントでの売買 ── 131

　　公開価格からの初値騰落率……133
　　公募売出総数……137
　　売出比率……139
　　ベンチャーキャピタルの影響……141
　　上場前決算の経常利益……144
　　吸収金額……147
　　オファリングレシオ……148
　　仮条件からの価格決定……150
　　上場市場……153

第7章　その他のイベント ── 157

　　スポーツイベント……158
　　事件、事故の影響……162
　　気象災害……171
　　インフルエンザの流行……177
　　アノマリー……179
　　取引制度やルールの盲点を突く……183
　　市場毎の制度の違い……184
　　取引システムの盲点……188

第8章　イベントを探す ────── 191

イベントはアイデアが大事……192
他の投資家、トレーダーと情報交換しよう……193
書籍はアイデアの宝庫……195
証券会社のレポート……198
インターネットとSNS……199
自分の立場を最大限に使って知識を広げる……200
イベントを探る実例……201
学術論文から探す……204
図書館にいこう……207
他人と同じことをしていても儲からない……212

第9章　ヘッジ ────── 215

予期せぬリスクからポジションを守る……216
ヘッジで使える金融商品……217
いろいろなヘッジ方法……219

第10章　検証と売買ルール ────── 227

時系列データを手に入れる……230
検証期間をどうするか……233
表計算ソフトを使って検証する……234
資金管理と収益目標……247

CONTENTS

損切りについての考え方……249

第11章　売買の上達を目指して ────253

ビジネスとしての売買……254
基本の売買練習……254
プライドは上達の妨げになる……256
謙虚さが大事……257
試し玉の効能……258
売買日誌をつけましょう……259
出口戦略が大事……259
モチベーションを保つには……260
どんな勉強をすれば良いのか……261
相場全体の予想は捨てる……264
相場は需給で動く……264
売買べからず集……265

おわりに ────279

イベントドリブンとは何か

イベントドリブンの定義

　イベントドリブンという言葉を聞いてピンと来る人はよほどの金融通か、投資関係の仕事をしている人くらいでしょうか。一般にイベントドリブンという語彙は、ヘッジファンドの戦略のひとつとして、紹介されています。

　金融用語としてのイベントドリブンは、コーポレートイベントつまり会社のM&Aや合併などのイベントを利益の源泉とする戦略のことを指しています。リーマンショックのさなか、クレジット・デフォルト・スワップ（Credit default swap、CDS）というデリバティブの売買で大儲けしたジョン・ポールソンは、イベントドリブンを主体としたファンドで活躍してきました。サブプライムローンの本質をついたCDSの取引は、イベントドリブンの視点があったからこそでしょう。

　本書では、コーポレート・イベントドリブンを「狭義のイベントドリブン」と位置づけます（**図表1-1参照**）。そして株価に影響を与えるであろうイベントをすべてトレードの対象とする、もっと広い意味でのイベントを「広義のイベントドリブン」として扱い、本書ではこれを単にイベントドリブンと呼びます。人によっては、これをイベント投資とかイベントトレード、あるいは特殊需給売買と異なった呼び方をしていますが、基本的には同じものです。

　ちなみに特殊需給という呼び方は、極めてイベントドリブンの本質を突いています。イベントで価格がドリブンされる事象をトレードすること。「価格を動かす正体が分かっているものに対して、そ

図表1-1　イベントドリブンの定義

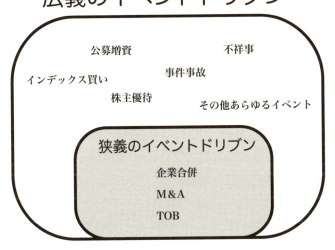

の現象を利用し利益を上げようとする手法」とイベントドリブンを定義できるかと思います。そうなると、かなり広い範囲でこの戦略が成り立ちます。相場を動かす理由の数だけイベントドリブンがあることになるわけです。

　みなさんが株式の売買をするときには、大抵、ファンダメンタルズかテクニカルを売買の指針にしているかと思います。企業の業績などを基準に株式の価値を測るのがファンダメンタルズです。割安株に投資するバリュー投資や、先行きの企業業績の伸びに期待する成長株投資などがこれに当てはまります。

　一方、テクニカルは、移動平均線やボリンジャーバンドなどのチャートを使って売買基準を判断します。前者は、トレンドフォロー、

後者はカウンタートレンドの手法によく使われます。イベントドリブンは、これらのファンダメンタルズとテクニカル、どちらにも属しません。イベントドリブンでは主に「需給」をみています。需要と供給のバランスが崩れたときに利益を上げるチャンスがあります。例えば「必ず買わなければならない。売らなければならない」、こんな状態の投資家がいれば、当然需給は崩れます。

そんなことがあるのかと思う方もいるかもしれません。本書では詳しくいろいろなイベントのケースを紹介していきます。読者の皆さんは、それぞれの章での事例を見ながら「需給」の2文字だけは、常に頭に置いて本書を読み進んでください。

相場が動く理由

「なぜ相場が上がるのか？ その原理がわかりますか？」という質問をすると、よく返ってくる答えが、「売りよりも買いの方が多いから」とか、「売りたい人よりも買いたい人が多いから」というものです。残念ながら両方とも正確ではありません。相場は約定した売りと買いは常に同数です。また、売りたい人と買いたい人の数は、直接関係がありません。多くの人の買いを、大口の売りがすべて攫ってしまうようなケースが常にあります。一人一人の発注はロットが異なるので、数は関係がないのです。

正確には「より強い動機で注文される方向に値動きは進む」と筆者は考えます。もちろん「短期では」という前提付きですが。例えば、信用取引で買っていた人が、相場の下落によって、追加証拠金

(追証)を求められることがあります。ここで追証を支払えなければ、証券会社によって、買い玉は処分されてしまいます。有無を言わさず反対売買されてしまうのですから、これほど強い動機づけの売買はありません。制度上必要になる売買は、絶対の売買動機になります。

　これほどまででなくても、買い方の損切りによって相場が下落したり、売り方の踏み上げで相場が上昇したりするのは、売買に強い動機づけがあるからです。ここでの動機は、さらに相場が自分のポジションと逆に動くことへの「恐怖」かもしれません。

　恐怖は、かなり強い売買動機になります。相場でなくても戦国時代、合戦で相手に恐怖を与えることで、敵が総崩れになってしまうという事例がたくさんあります。戦いにおいて、恐怖を持った側は非常に不利になるのです。商品設計上売買しなければならないケースも強い売買動機です。日経225やTOPIXで運用するインデックスファンドは、指数どおりの価格を保持する運用を強いられるため、必ず行わなければならない売買が発生します。

　詳しくは後述しますが、このファンドの目的はあくまで指数どおりの運用をすることです。そのために不合理な売買でもやらなければなりません。今日は割高だから買いを見送って明日にしようとはならないのです。こんなことが、特殊な需給を作り出して、それまでの需給をゆがめるのです。

イベントトレードを実践するきっかけ

　筆者は以前、コモデティ（商品）先物のサヤ取りを専門に売買していました。ところが、国内のコモデティ先物の出来高がどんどん減って流動性が低くなり、少枚数でしか売買できなくなってきました。そんな時、前述したインデックスファンドのリバランスを利用して、有利なトレードができることを知り、これは面白いと感じました。なぜなら、利益の源泉が非常にはっきりしていたからです。
　インデックスファンドは、必ず指数に連動しなければなりません。良いインデックスファンドとは、指数にきちんと連動しているファンドで、仮に指数を大幅に上回るファンドがあったとすれば、それは指数との連動に失敗した「悪いファンド」なのです。アクティブファンドに代表される一般的なファンドとは全くルールの違う売買を行い、できる限り利益を上げるというインセンティブが働かない運用があるのは実はすごいことです。
　インデックスファンドは指数に連動させるために、どれだけ高くなっても買わなければならないし、どれだけ安くなっても売らなくてはならない事態が普通にあるということです。つまり、指数に新しい銘柄が組み入れられたとします。その時からその銘柄をファンドに組み入れる必要があります。そうしないと指数とファンドの資産が連動しなくなるからです。そして指数から除外された銘柄は、必ず売らなければなりません。それが、指数に大きな影響を与える銘柄であれば、インデックスファンドの売買高も巨大になります。そして指数組み入れ、あるいは除外の日は、前もって発表されます

から、先回りして、売買することができるのです。これが利益の源泉というわけです。

　さて、そんなインデックスファンドの話を友人である土屋賢三氏にしたところ、そんな売買を専門にしている投資家がいるというので紹介してもらったのが、今はすっかり有名になった夕凪氏です。夕凪さんの話はさすがに専門だけあって実践的でした。本書でも紹介するTOPIXのFFWや、MSCI、FTSEのインデックス等、今まで知り得なかったことが分かるようになって、ますますイベントの世界にのめり込んでいったのです。

　また、夕凪さんを通してイベント系の売買をする人達と情報交換することで、イベントの守備範囲も広くなっていきました。イベントを利用した売買は、一部を除いて売買スパンが決まっているので、損益の出方が、サヤ取りに非常に近かったことも私には幸いしました。資金管理やポジショニングの管理がやりやすかったのです。その半面、売買スパンが決まっていないイベントは苦手です。

　例えば、東証一部昇格を狙った売買が好例です。このトレードでは東証一部に昇格しそうな銘柄を先回りして買った後、一部昇格が決まってから売却するというもので、うまくいけば比較的大きな利益が得られるのですが、昇格しない場合、いつまででも買い持ちするということになりかねません。

　恐らくこのタイプのトレードを得意にしている人は、銘柄選定の上手さと同じくらい、ダメな銘柄を見限るのも上手いのだと思います。上記のような例外もありますが、多くのイベントドリブンの戦略は、出口がはっきりしています。出口戦略がはっきりしているこ

とでトレードの戦略が組みやすいのです。イベントドリブンではない一般的な短期のトレードの場合、その時間的なスパンが短ければ短いほど、損切りの上手い下手がトレード全体の損益に大きく関わってきます。デイトレードやスキャルピングといった短い時間でのトレードでは、損切りのタイミングの間違いひとつで、1日の損益がひっくり返ってしまうことは珍しくありません。これに対し一般的なイベントドリブンでは、そこまでシビアな損切りは要求されません。従って常に相場を監視し続ける必要もないので、専業投資家ではないサラリーマンでも、充分実践することができます。

あまのじゃくのほうが儲かりやすい？

　トレードでは多数派になってはいけないとよく言われます。「人の行く裏に道あり花の山」というのは有名な相場格言です。相場を眺めるとき、あるいは人から相場観を聞いたようなとき、斜に構えるくらいでちょうどいいのではないかと思います。多くの人が買いに殺到しているときに、「売り」でとる方法を考えてみたり、一般的に言われている相場の常識が本当なのか疑ってみることは大切です。発想を変えてみることで、今まで気づいていなかったことに気づけば、そこのイベントで儲けるヒントが得られます。

　幸か不幸か、筆者は子供の頃から、かなりあまのじゃくだったように思います。周囲からは、「変わった子供」と見られていたようです。ほかの子が興味を持たないようなことに熱中したり、少しでも分からないことがあれば、「何で？　なぁ何でなん？」と周りの

大人に聞きまくって、迷惑がられていたようです。そんなあまのじゃくな性格が、イベントドリブンでのトレードには合っているのでしょう。全く何が幸いするかわからないものです。

イベントドリブンでトレードをやってみよう

　アベノミクス以降「億トレ」と呼ばれる個人投資家が増加しているようです。大きな上げ相場があると、短期間に資産が急増して、「1年で◯億円稼いだ個人投資家」がもてはやされます。そして同様のタイトルの書籍が書店の棚に登場します。2000年代前半のITバブルの時にも雨後のたけのこのように、そんなカリスマ投資家が登場しました。しかし彼らのほとんどは、その後の下げ相場で消えてしまいました。それは彼らの手法が複雑で手が込んでいるように見えても、本質的には上げ相場で買うだけだったからです。

　それに対してイベントドリブンは、上げ相場下げ相場に左右されにくい「全天候型のトレード手法」です。地味ですが、毎年毎年こつこつと利益を上げていくタイプの手法です。もちろん一度に大きな金額でトレードすればハイリスク・ハイリターンの博打的手法にもなりうるのですが、絶対におすすめしません。イベントドリブンを個人で実践する、イベントを利用したトレードは、非常に範囲が広いのが特徴です。株式市場独自のルールや慣習や制度、売買主体の違い、そういったものが需給の歪み、あるいは需給の変化を生み出し、それがトレードの利益の源泉になります。私にとってそれは宝の山に見えて本当にわくわくしたものです。

株式市場のことをいろんな角度から勉強し理解することで、トレードのストラテジー（戦略）のバリエーションもどんどん増やすことができます。まだあまり多くの人が気づいていないイベントを探し当てると先行者利益を得ることができます。それだけで一財産を稼いでしまったトレーダーも実際にいます。本書ではイベントを利用したトレードを多数紹介しますが、それとともにイベントをいかに見つけるのかについても１章を割いています。そのような調査や勉強は、非常に楽しく、同時に売買で利益が上がればモチベーションも保ち続けることができます。
　さらに自分一人で、勉強や検証をしても良いのですが、他の投資家やトレーダーと意見交換することも非常に大事だと思います。自分一人でできることは、時間的にも能力的にも限られます。特に一番大事な、トレードアイデアとなる発想法は、人それぞれ皆違います。他人と意見交換することで、知識だけでなくトレードの幅が広がると思います。ただし隣の芝生は青く見えるものです。人に聞いた手法をそのままマネしても大抵はうまくいきません。自分なりに理解し検証して、自分のものになってから実際の売買をするべきです。もちろんこれはイベントドリブンに限った話ではありませんが。
　トレードの世界は孤独です。特に個人トレーダーは、金融機関やヘッジファンドなどの組織に属していませんからやり方は自由です。その分自分自身で規律を守らないと、スタイルが崩れてしまう可能性があります。ジャック・シュワッガーの名著『マーケットの魔術師』（パンローリング）シリーズに出てくるトレーダーの多くも、規律を守ることが、稼ぐための鉄則だと言っています。個人投資家や個

人トレーダーが巨額の損失を出す原因には、規律を守らなかったことがきっかけになっていることがよくあるようです。

　例えば、最初は少額だった損失をカバーするために、規律を破って大きなポジションを持ってさらに損失を被る。それが膨らんで巨額の損失を出してしまうというようなパターンです。ここまでいくと自暴自棄になってまともな判断ができなくなります。規律はそんな暴走の歯止めになります。

　この本を読まれている方の多くは、すでに株式投資を経験していると思います。多くの方が行なっている一般的な株式投資というのは、割安のバリュー株を買う。あるいは今後成長が見込める成長株に投資するというような戦略で売買している方が多いのではないでしょうか。この本で紹介している戦略の多くは、需給の歪みを利益の源泉としている「トレード」です。割安株や成長株といった投資の尺度からみればとても買えないような株を買う。あるいは、非常に割安になっている株の空売りをする。そんなこともあろうかと思います。しかし主に需給を考えるトレードと中長期の投資は全く別物です。イベントドリブンを実践するときには、投資の尺度は、ひとまず脇に置いて、需給というトレードの尺度で売買を考えなければなりません。

会社員でもトレードは可能

　投資に比べてトレードは売買タイミングが重視されます。比較的短期の売買が主力になるので、いままでバイ・アンド・ホールドだ

けを実践してきた個人投資家にとっては、面食らうかもしれません。もしかすると、読者の中には、「昼間仕事をしている私には、そんな売買はできないよ」という方もいるかもしれません。しかし安心してください。本書で紹介するイベントドリブンのトレードは、よくテレビに登場するデイトレーダーのようにモニター画面が何面もあるようなチャートや売買画面の前で相場の動きを監視するようなことは全く必要ありません。日中の動きを監視している必要がないので、会社員でも充分売買を実践することができます。夜寝る前に、発注すればほとんどの売買に対応できます。

　ネット証券なら、新規発注だけでなく、約定した後の返済の発注も予めいれることができます。そうなると場中に発注をする必要がありません。例えば、新規で1,200円で100株買いを入れると同時に、1,100円になったら逆差し値注文で損切りする、という一連の注文が前日の夜や、朝の出勤前に実行できるのです。ネットの発注も便利になったものです。

　イベントドリブンでは比較的スパンの短い売買が多いのですが、このような短期売買が個人でできるようになったのは、そんなに昔のことではありません。30年ほど前、筆者が株式売買の世界に入ったばかりの頃、片道の手数料は約定代金の１％以上ありました。往復では２％を超えます。こんな高額の手数料では短期売買をやったとしても、利益以上に手数料を取られます。この頃の個人投資家はデイトレードなど現実的ではなかったのです。また信用取引を始めるにあたり、大手証券会社では最低2,000万円。地場証券でも500万円程度の証拠金を預けることが信用口座の開設条件でした。

さらには、女性は口座の開設が困難だったらしく、今では考えられないような条件が課されていたのです。もちろん株価指数先物やオプション口座の開設もハードルが高く、証券会社の支店に出向いての面接や、先物口座へ1,000万円以上の入金が求められていました。
　それに比べて今の時代は、手数料が格安で信用口座や先物口座も簡単に開設できます。せっかくトレードするために良い条件が整ったのですから、これを活用してトレードを実践したいものです。そのための一つの有力な方法がイベントドリブンだと確信しています。
　またイベントドリブンの利益の源泉となるイベントは、いろいろな種類があり、ほぼ毎日何らかのイベントが進行中の状態です。イベントドリブンのスキルを身につければ、それこそ一生涯この分野で稼ぎ続けることも可能です。トレードの世界は本当に奥が深いものです。本書を参考にしてイベントドリブンの世界を体得し、トレードの実践に役立てていただければ、著者として望外の喜びです。

第2章
株価指数と機関投資家の売買行動

インデックスファンドは指数より儲けてはいけない

　TOPIXや日経225で運用しているインデックスファンドというものがあります。投資信託として、各社からいくつも運用されています。またETFとして上場されているファンドもあります。TOPIXなら、大和証券投信が運用している、ダイワ上場投信トピックス（1305）や野村アセットのTOPIX連動型上場投資信託（1306）。日経225なら、野村アセットの日経225連動型上場投資信託（1321）などです。

　これらのファンドは、できるだけ指数どおりの値動きで運用を行うという大原則があります。通常のファンドの運用であるなら、戦略の違いはあれども、より運用収益を上げようとするはずです。しかしインデックスファンドの場合は、もし指数にくらべて大幅にリターンが上回れば（そんなことはありえませんが）それは指数から離れた悪いファンドということになってしまいます。

　インデックスファンドの運用者はリターンを上げることが目的ではなく、できる限りインデックスの値に近い動きをするよう運用を行います。市場で売買する投資家の中には、売買で収益を上げることが目的でない人もいるということです。インデックスファンドの運用者は、いくら指数が上昇しても、「この指数は異常に高いから買うのを辞めよう」ということには絶対にならないわけです。

　インデックスファンドの他にも、先物と現物の裁定取引（サヤ取り）をする投資家も、現物の売買は指数に忠実でなければなりません。この場合は、先物と指数の差（サヤ）の動きが収益の源泉にな

るためで、現物取引だけの損益で稼いでいるわけではないからです。さて、もし指数の内容に変化があれば、その変化に運用内容を合わせるための売買が必要になります。この売買をリバランスといいます。このようなインデックスファンドや裁定取引業者の規模は大きいので、そのリバランスが市場にインパクトを与えます。つまり指数に連動させようという売買自体が指数の動きを加速させてしまう事態が起こり得るのです。

　また、インデックスファンド以外のファンドも、ベンチマークとしてTOPIXなどの指数を利用しています。これらの機関投資家もある程度は指数を意識した運用をせざるを得ません。実際にTOPIXに近い動きをしているアクティブファンドは多いようです。

指数のルールが分かればインデックスの売買が分かる

　各指数には、いろいろなルールがあります。くわしくは後ほど述べますが、組み入れのルールさえ分かっていれば、あらかじめ、いつどんな銘柄が売買されるのか分かります。そこで私たちトレーダーは、先回りして買いあるいは空売りを入れておきます。その後、機関投資家のリバランスのタイミングの売買に合わせて反対売買をして利益を得ようというのが、こういった指数がらみのイベントドリブンのトレードです。ですからインデックスファンドが存在しない指数、機関投資家が運用のベンチマークにしないような指数は、銘柄入れ替えがあったとしても、その指数で運用されていないので、売買の対象にはなり得ません。東証二部指数やJASDAQ指数など

がこれにあたります。

　また指数で運用されているファンドがあったとしても規模が小さいと、やはり市場にインパクトがありません。例えば日経300株価指数は、ETFもあるのですが、残念ながら運用規模が小さく、他に運用している大きなファンドがないため、リバランスがあっても市場に出てくる売買が少ないのでほとんど影響がありません。ところで指数は時々ルールが変更されます。これを見落とすと、今までなら指数がらみで株価が動いていた事象が機能しなくなったこと自体に気づかない可能性があります。

　逆にルール変更によって稼げるイベントが新たに発生することも多いのです。ルールの変更直後は新たなイベントに気づいた人だけがトレード益を得ることになるので、多くのトレーダーが気づくまではイベント参加者が少なく先行者利益を得るチャンスでもあるのです。指数に絡んだトレードで利益を上げようとしているのは、私達個人トレーダーだけではありません。ヘッジファンドがこのような機会を虎視眈々と狙っています。そのせいか、メジャーな銘柄入れ替えなどでは以前ほど利益が上がらなくなっているように思います。

日経225

　ながらく日本の株価指数の代表の座にある指数です。株の売買に興味のない人でも、ニュースなどで必ず目にしたことがあるはずです。日本の株式が急騰、急落すると、必ず日経平均が〇〇円高とい

うような、報道があります。日本経済新聞社が銘柄選定を行っており、原則225銘柄で構成されています。時価総額の大きな大型株が多いのも特徴です。機関投資家の運用としてはインデックスファンドのほか、先物との裁定取引が非常に盛んです。指数としては、「単純平均」であるため、値嵩株ほど影響を強く受けます。指数構成銘柄は225銘柄ですが、値嵩株上位5銘柄ほどで、全体の20％程度の影響力があります。時価総額は考慮されないため、超大型株でも低位株では指数にさほど影響を与えないことになります。

銘柄入れ替えなど、指数算出にからむイベントではこのことに注意が必要です。日経225は、日本経済新聞社によって例年9月頃定期的に入れ替えが行われますが、実施されないこともあります。また、指数採用銘柄が上場廃止になった場合や、東証一部から他市場に変更になるような際には、銘柄入れ替えが行われます。定期入れ替えの時期が近くなると、証券会社やシンクタンクなどから採用銘柄と除外銘柄の予想が出てきます。各社のレポートでは毎回、採用候補と除外候補を何銘柄か挙げてくれます。このようなレポートで採用候補に挙げられた銘柄は、採用期待で値上がりする場合もあります。

しかし実際には入れ替え銘柄を当てることは難しいようで、10銘柄近く候補が上がっても一つ当たれば良いほうです。もともとその年に何銘柄の入れ替えがあるのかもわからない上に、入れ替え基準のルールというものがないためでしょうか。採用銘柄、除外銘柄がレポートどおりにはなりません。そこで少々乱暴ですが、どうせ当たらないのだから、採用候補をすべて空売りしておいて、正式な入

れ替え発表があってから買い戻すという戦略が成り立ちます。採用が当たった銘柄では、株価が上がって損失を出しますが、他の多くの外れ銘柄で利益を得られれば、差し引き利益になるというわけです。

　実際に筆者は、ここ数年このやり方で利益を上げています。後ほど2018年９月の採用候補銘柄がどのようになったのかを取り上げます。日本経済新聞社から銘柄の入れ替えが発表されると、期間をおいて実際に指数に組み入れられる日が指定されます。日経225の指数で運用しているインデックスファンドや、先物との裁定をしている機関投資家などは、指数組み入れ前日の大引けで、採用銘柄を買って、除外銘柄を売る必要があります。

　機関投資家は証券会社に、予め大引けでの注文を出しておきます。注文を受けた証券会社は、取引所に注文を出しますが、大引だけですべての売買をこなすのは無理です。そこで、実際には数日かけて売買したものを理論上指数に組み入れられる日の引けの価格で「引け値保証」という形で機関投資家に取り次ぎます。このようなオペレーションが行われるため、指数組み入れ日が近づくと採用銘柄が値上がりし、除外銘柄が値下がりしやすくなります。

　前述したように日経225は、単純平均の指数ですので、額面が同じであれば株価が高いほど、指数に対して影響力があります（寄与度が高い）。したがって、株価の高い銘柄が採用される場合、指数に連動した運用をするには、より多くの株数を買う必要があります。また入れ替え発表から組み入れ日までの期間が短いほど、短期間に買う必要があるためにより値上がりしやすくなります。この２つの

図表2-1　ファーストリテイリング（9983）日経225指数組み入れ時のチャート

条件がそろうと、短期間に急騰するという事態が起こります。

　実際に2005年8月にファーストリテイリング（9983）が採用された時には、発表から指数組み入れまで9営業日しかなく、値嵩株である同銘柄を短期間で買う必要があったため、短期間に株価が急上昇しました（**図表2-1**参照。指数採用発表日から指数買い日までをグレーで表示しています）。特に組み入れ前日（この日の大引で指数買い発生）は、大陽線を引いて値上がりしました。将来、値嵩株が日経225に組み入れられた場合は同様のことが起こる可能性があります。

　今後日経225に組み入れられる可能性が高い値嵩株の筆頭は、任

天堂（7974）です。任天堂の株価はファーストリテイリングが採用された時の株価よりも4倍以上高いので（2018年9月現在）225指数へのインパクトも巨大になりそうです。

　任天堂は2018年9月の銘柄入れ替えでは、組み入れ銘柄の有力候補のひとつでしたが、採用されませんでした。その影響で、銘柄入れ替えが日本経済新聞社から発表された後は、同じく採用候補だったスタートトゥデイ（3092）とともに大きく値下がりました。指数への組み入れを見越して任天堂を先回りして買った投資家が多かったのでしょう。この先もし日経225指数に現在組み入れられている値嵩株が除外される場合には、当然大きく売られるはずです。このような事情から市場での混乱を避けるために銘柄の選定に当たっては値嵩株の入れ替えを避けている可能性もあります。

　ここで2018年9月の銘柄入れ替えについて、事前に予想されていた指数組み入れ予想銘柄が、実際の発表を受けてどうなったのかを見ていきます。9月の銘柄発表前から、証券各社より、組み入れ、除外の予想が出ていました。組み入れ予想で多くの会社が挙げていたのが、サイバーエージェント（4751）、スタートトゥデイ（3092）、任天堂（7974）でした。また指数から除外される銘柄として、宝ホールディングス（2531）が予想されていました。

　そこで今回、筆者の取った戦略は、採用の予想がされている、スタートトゥデイとサイバーエージェントの空売りでした。もう一つの採用候補である任天堂の空売りをしなかったのは、もしこの銘柄が採用されると、かなりのインパクトが予想されたからです。理由は先に述べたとおり、株価が高いので、指数に対する寄与度が非常

に大きいのです。リスクとリターンが釣り合っていないと考えたわけです。また宝ホールディングスの除外予想から、採用予想と同様に、外れることを狙って買いにいってもよかったのですが、今回は各社一致しての宝ホールディングスの除外予想に少々びびって買えなかったというのが本音です。

　この仕掛けは、９月４日の寄付きで行いました。その理由は2016年の発表が９月６日の引け後、2017年の発表が９月５日の引け後であったため、2018年もその辺りでの発表だろうと、少しだけ早く４日の寄付きで空売りを行いました。その後、実際には５日の引け後に日本経済新聞社からの入れ替え銘柄の発表がありました。指数採用はサイバーエージェント、除外は古河機械金属（5715）でした。採用されたサイバーエージェントは、本命だったものの、除外の古川機械金属は、予想外でした。その結果、予想されていた銘柄、実際には採用・除外された銘柄の値動きは**図表2-2**から**図表2-6**のようになりました。チャートの矢印は発表日です。この日の引け後に銘柄発表がありました。

　図表2-7から**図表2-9**には、９月４日の寄付きから、発表直後の９月６日寄付きまでの騰落率を載せています。採用、除外とも事前予想が外れた銘柄は、大きく逆行しています。特に除外の本命予想だった宝ホールディングスは、空売りの返済と思われる買い戻しで大きく値上がりしました。結果的には筆者が売買しなかった宝ホールディングスは一番利益率が良かったことになります。チャートを見れば分かるように、宝ホールディングスはその後も大きく上げていきました。さて、実際に売買した、スタートトゥデイとサイバー

図表2-2　2018年日経225指数採用候補、スタートトゥデイ(3092)

図表2-3　2018年日経225指数採用、サイバーエージェント(4751)

図表2-4　2018年日経225指数採用候補、任天堂（7974）

図表2-5　2018年日経225指数除外候補、宝ホールディングス（2531）

図表2-6　2018年日経225指数除外、古河機械金属(5715)

図表2-7　指数採用候補の騰落結果

採用候補	9月4日始値	(発表直後)始値	騰落率
4751サーバーエージェント	6170	6060	▲1.78
3092スタートトゥディ	4040	3500	▲13.37
7974任天堂	40150	38160	▲4.96

図表2-8 指数除外候補の騰落結果

除外候補	9月4日始値	(発表直後)始値	騰落率
2531宝ホールディングス	1132	1385	22.35

図表2-9 除外銘柄の騰落結果（参考）

除外(参考)	9月4日始値	(発表直後)始値	騰落率
5715古河機械金属	1744	1550	▲11.12

エージェントですが、予想が外れたスタートトゥデイは、13.37％とまずまずの利益になりました。

　もう一つ空売りしたサイバーエージェントは、採用予想が当たったにもかかわらず、利益になっています。さすがに前日からは上がっているのですが、本命すぎたのかあまり上がらなかったためにこのような結果になりました。この手法では例年ですと予想が当たった銘柄は、損失になるのが普通です。

　予想外で除外になった古川機械金属は、やはり大きく下げました。この手法のキモは、予想が外れると逆行しやすく、本命の予想は当たっても意外性がないのでさほど動かないことにあります。また今回の任天堂のように値嵩株はもし当たった場合には需要が大きくインパクトがあるので、仕掛けないほうが良いと思います。

TOPIX

　東証一部全銘柄の平均を示す指数がTOPIXです。日本の機関投資家の多くはTOPIXをベンチマークとして使っています。運用しているファンドの成績がTOPIXを上回ればプラス評価されますし、TOPIXを下回れば、マイナス評価されます。仮に下げ相場であるなら自分が運用しているファンドのポートフォリオが下がっていたとしても、下げ幅がTOPIXよりも少なければ評価されるわけです。
　もちろん、TOPIXの値が上がった場合では、それ以上に運用ファンドのポートフォリオが値上がりしなければ、TOPIXに負けたことになります。そうすると、アクティブファンドといえども、TOPIXからかけ離れたポートフォリオで勝負するということは、リスクを伴います。ファンドが保守的であればあるほど、ポートフォリオはTOPIXに近いものとなるはずです。TOPIXでは日経225とは異なり、浮動株基準株価指数という方式が採用されています。これは指数算出の際に銘柄ごと浮動株の比率を指定して、浮動株が多いほど指数に対する寄与度が上がる方式になっています。
　この浮動株の比率のことをFFWといい、日本取引所グループで定めています。銘柄ごとのFFWを以前はWeb上で公開していたのですが、現在は有料情報になっています。FFWは年4回定期見直しがあり、この際FFWの変更によって各構成銘柄はTOPIXへのウエートが変わるため、TOPIXで運用しているインデックスファンドなどはリバランスする必要があります。浮動株が多くなった銘柄ほど、組み入れ比率を高くして、浮動株が少なくなったものは組み

入れ比率を下げなければなりません。そうしなければ、指数とポートフォリオが連動しなくなるからです。

　FFWの定期見直しの時期が近づいてくると、証券会社から、FFWの増減予想のレポートが出てきます。私たち個人トレーダーは、このようなレポートを読むことでFFWの増減をある程度正確に知ることができます。もちろんレポートは各社がおのおの試算した数値ですので東京証券取引所のものと完全にイコールではありません。しかし個人でTOPIX全銘柄のFFWを計算することなど不可能ですから、レポートを活用させていただきましょう。また定期見直し以外にも増資などで株主が大きく変化した場合には臨時の見直しが行われます。

　東証一部に銘柄が新規上場された場合、上場翌月の月末から指数組み入れされます。東証二部など他市場から東証一部に銘柄が昇格した場合も、翌月末に指数組み入れが実施されます。

　図表2-10は、リクルート（6098）が新規上場した際のチャートです。上場は2014年10月ですから、翌月11月末が組み入れ日になります。ただし実際のTOPIX指数買いは組み入れ日1日前の引けになるので、月末最終営業日の前日の引けとなります。**図表2-10**のチャートは上場から組み入れ日までをグレーにしています。これを見ると組み入れ数日前から組み入れ日に向かって上がっているのが分かると思います。しかし最近のTOPIX買い銘柄では、このように素直に上がっているケースはあまりありません。

　それよりも、指数組み入れ日以降の下げが気になります。最近の時価総額の大きなTOPIX買いは、指数組み入れが終わると下がる

図表2-10 リクルート(6098)上場からTOPIX組み入れまでのチャート

傾向が強いようです。指数組み入れに先回りする買いが多くなりすぎているのかもしれません。

東証一部昇格

　TOPIXは、東証一部の全銘柄を算出の対象にしていますから、他市場から東証一部に上場市場が変更になると、新たに指数算出の対象銘柄になります。また東証一部銘柄のみを運用対象にしているファンドが多いため、新たに機関投資家に買われる可能性が出てきます。そのため東証二部、マザーズ、JASDAQに上場されている

銘柄が、東証一部に変更されると大きく値上がりすることがよくあります。このため、東証一部昇格が予想される銘柄を先回りして買うという売買を実践する個人トレーダーも多いようです。東証一部に昇格するためには、基準があるため、その基準をクリアしようと企業がアクションを起こすことがあります。

よくネックになる基準が株主数です。これが足りていない会社が、立会外分売という方法を用いて大株主の株を売り出すことがあります。この立会外分売を実施すると確実に株主数は増えるため、「近々東証一部に昇格するのではないか」との推測から、この時点で値上がりすることもあります。ただ、この一部昇格イベントは、もしなかなか昇格しないと、いつまで保有すべきなのか大変悩むことになります。そのためいつまでも銘柄を抱え込むことにもなり、結果的に数年間保有する可能性もあります。他の手法にくらべて区切りと終わりがはっきりしないため、実は筆者にとっては、あまり好きなイベントではありません。

MSCIほか

日経225やTOPIXは、国内の投資家の指標として使われていますが、海外の機関投資家がベンチマークとして使うのは、MSCI、FTSE、ラッセルNomuraなどがあります。このうちMSCIは、アメリカのモルガン・スタンレー・キャピタル・インターナショナル社が、算出して発表している指数のひとつで、世界中の機関投資家が、ベンチマークとして使用しています。ちなみに同社は、NYSE（ニ

ューヨーク証券取引所）に上場しており、シンボルも「MSCI」です。

　同指数は、5月と11月末に大きなリバランスがあります。リバランス時期が近くなると、各証券会社やシンクタンクからリバランス予想のレポートが発行されます。また実際にMSCI社からリバランスが決定されると、ロイター、ブルームバーグなど通信社からニュースとして配信されます。私たちはそれらの情報をもとにイベントドリブンとしての売買が可能です。基本は、ウエートが高くなる銘柄を買って、ウエートが下がる銘柄を売ることになります。MSCIもTOPIXと同様に浮動株基準株価指数です。

　FTSEは、イギリスのFTSEインターナショナル社が、算出し発表している指数です。この会社は、イギリスの著名な新聞社であるフィナンシャルタイムズ（FT）とロンドン証券取引所（LSE）が設立した会社です。FTとLSEが合わさって名前がFTSEなのでしょう。ただしFTは後に手を引いたため、現在は株主ではありません。

　FTSEは、3月、6月、9月、12月の年4回定期見直しがあり、リバランスが行われます。こちらは月末ではなく中旬に実施されるので注意が必要です。MSCI同様、時価総額が大きい会社のIPOがあると、指数に組み入れられることがあります。そうすると、当然FTSEをベンチマークにしているファンドは、買い入れする必要が生じます。日本ではFTSEの名はあまり知られていませんが、欧州系の運用会社ではよく使用される指数のようです。

　東証REIT指数は、東証に上場されているREITのインデックスです。REITを集めたファンドのベンチマークになっています。また東証REIT指数で運用しているインデックスファンドもあるため、

いわばTOPIXのREIT版のような位置づけになっています。REITが新規上場された場合、翌月末に指数に組み込まれるルールになっています。

図表2-11は積水ハウスREIT投資法人（3309）が上場してから組み入れ日までをグレーで示したチャートです。上場から、翌月末の指数買いに向かって上がってはいますが、あと５日というあたりで力尽きた感があります。

指数のルール変更には要注意

指数は、時々算出ルールの改定が行われます。例えば、TOPIXは、以前は発行された株式すべての時価総額が算出対象とした時価総額加重平均方式でした。この方式では、持ち合い株など市場に出回らない株式まで算出になっていました。それを2005年から段階的に、浮動株のみを算出する方式に変更されました。この浮動株を決める基準が先に述べたFFWです。FFW導入によって銘柄組入比率が大きく変わってしまうため、一気にこれを実施すれば短期間に市場に大きな影響が出ることを懸念して、段階的な導入になったと思われます。もちろん私達イベントを利用した売買をするトレーダーにとっては、一気にやってもらったほうが変動が大きいので、利益をあげる大チャンスだったはずです。

TOPIXのFFW導入は大きなルール変更ですが、それほどではなくても算出ルールの変更は時々おこなわれます。例えば公募増資や第三者割当増資があった場合などの処理です。増資が実施されると、

図表2-11 積水ハウスREIT投資法人(3309)上場から組み入れ日までのチャート

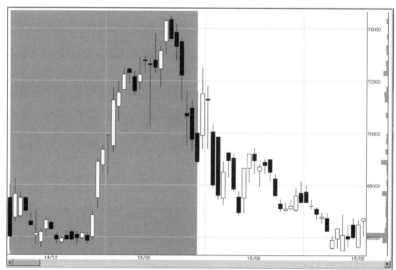

　発行株式が増えるので指数へのウエートも当然変わってきます。あとの章で述べますが、公募増資が実施されると同時に売出しを伴うこともあります。この場合、公募増資で増えた株のうち、大株主が買った分以外は、浮動株になるため、発行株式全体からみた浮動株の割合は増えます。

　また売出し分は、大株主から一般の投資家に渡った分もまた浮動株の割合を増やします。しかし第三者割当増資の場合は、割当先によって変わってくるので複雑になります。このあたりをどう判断するかのルールは当然あるはずですが、私たちはFFWの変更結果から推測するしかありません。

図表2-12 東証REIT指数ルール変更発表時の大和証券オフィス投資法人（8976）

　最近では東証REIT指数で大きな変更がありました。以前の東証REIT指数では、浮動株による考慮はなかったのですが、現在では銘柄ごとにFFWを用いて、TOPIX同様に浮動株のみで指数を算出しています。2016年10月に日本取引所グループから、このルール変更のアナウンスがあった際に、浮動株が少ないと思われるREITが売られるということがありました。**図表2-12**は、大和証券オフィス投資法人（8976）です。ルール変更のアナウンスがあったのが、10月19日（チャートの矢印の引け後）で、翌営業日の20日には大きく下落しているのがわかります。この銘柄は上場REITの中で最も浮動株が少ないと予想されていたために起こったことです。

また、TOPIXでは第三者割当増資があっても、指数算出上、FFWによって処理されてしまうと、ほとんど影響が出なくなってしまっていたのです。しかし以前、REITでは第三者割当増資があると、FFWの制度がなかったため、そのまま東証REIT指数に組み入れされました。そうすると、指数組み入れに伴う買いが入るので、値上がりしたのです。

　このREITの第三者割当増資の際のルールは、個人トレーダーには、あまり知られていなかったようです。そのため増資規模が大きいと比較的よく機能していたイベントでした。現在ではTOPIX同様FFWによって調整がなされるため、REITの第三者割当増資での指数買いもほとんどなくなってしまったようです。機能していたイベントが一つなくなって残念ではあります。

新規アクティブファンド

　指数のリバランスでなくても、機関投資家の売買があらかじめ分かっていれば、イベントとして成り立ちます。このようなイベントでのトレード実践者は少ないと思われるので、調査研究すれば面白いでしょう。新規のアクティブ投資信託の買いに先回りするという方法は、なかなか面白いと思います。投資信託は毎年かなりの数が新規発行されています。これは新規募集の告知を見ていれば予めわかります。その中でもテーマが明確なファンドが狙い目です。

　一つアクティブファンド新設の例をあげてみます。2015年4月に、野村アセットマネジメントから「日本企業価値向上ファンド」とい

う設定金額が約1,000億円と、比較的大きな規模の投信が設定されました。規模が大きなファンドの設定があれば、当然市場に与えるインパクトが出ると予想できます。この投信では「ご参考資料」に、ファンドのコンセプトに加えて、ファンドの目的に合った2銘柄と参考ポートフォリオとして10銘柄が挙げられています。もちろんこれらの銘柄を全部買うと約束されたものではありませんが、公表した銘柄群を大きく替えることはないでしょう。一般的に投信は、VWAP（出来高加重平均）で、売り買いすると言われています。今回も、VWAPで各銘柄の買いを発注したものと推測されます。

そこで、実際にどの程度のインパクトがあったのか、設定日前日の4月2日の終値と設定日である4月3日のVWAPとを比べてみます。**図表2-13**はその結果です。全12銘柄のうち、マイナスになったのは3銘柄。残りはプラスでした。平均の騰落率はプラス0.43％と控えめな数字ですが、参考として載せた「1306TOPIX連動投信」と比べてもプラスになっており、投信設定によるインパクトがあったものと推察されます。また図では、各銘柄の時価総額を100万円単位で載せています。銘柄数が少ないので確定的なことは言えませんが、時価総額が1兆円を超えている5銘柄では騰落率の成績が3勝2敗ですので、時価総額が小さい銘柄のほうがインパクトは大きかったと思われます。

毎年その時々の旬の話題に沿ったテーマのファンドが出てきます。さきほどの例のようにファンドの目論見書を読むと参考ポートフォリオが載っています。また既に同様のファンドが他社から出ている場合は、運用報告書を取り寄せると、ポートフォリオになっている

図表2-13 日本企業価値向上ファンドの組み入れ銘柄の騰落率

銘柄	前日終値	当日VWAP	時価総額	騰落率
2802味の素	2647.5	2734.9578	1624985	103.30341
4901富士フイルムHD	4326.5	4398.6429	2270528	101.66747
4578大塚HD	3725	3727.9658	2090488	100.07962
4507塩野義製薬	4055	3984.3869	1404544	98.258617
6592マブチモーター	6390	6468.4378	492386	101.22751
9076セイノーHD	1339	1342.0034	277875	100.2243
9602東宝	2997	2997.3152	568861	100.01052
8058三菱商事	2440.5	2415.9487	3930168	98.994005
3086J.フロント	1913	1913.163	513180	100.00852
2331綜合警備保障	4275	4270.3573	437751	99.891399
6113アマダ	1146	1163.7415	451434	101.54812
8219青山商事	3945	3945.1678	244348	100.00425
平均騰落率				100.43481

(参考)

1306TOPIX連動投信	1601	1607.2685		100.06197

銘柄が載っています。同じテーマのファンドは、ポートフォリオの構成もだいたい同じなので、組み入れ上位銘柄に注目していれば何を買ってくるのか参考になります。また小型株ファンドのようなニッチな分野のファンドの場合、流動性の問題で買える銘柄が限られてくるため、組み入れ銘柄も同じような顔ぶれになることが多いのです。

　機関投資家の運用の場合、顧客に対し組み入れ銘柄の説明責任があります。したがって、社会的に問題のある会社は、仮に運用としては魅力的であったとしても組み入れづらいのです。逆にCSRに熱心な会社は安心して組み入れることができるため、比率が高くなる

図表2-14 設定当初のポートフォリオ

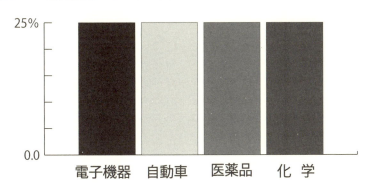

ようです。このあたりは、機関投資家の動きを利用したイベントのツボになります。

アクティブファンドのリバランス

アクティブファンドは、どんなものであれ、ポートフォリオを持っています。ポートフォリオは、ファンドの設定時にそのファンドの基本指針として定められます。従って、もしポートフォリオを逸脱するような事態が起これば、修正が必要になります。例として、**図表2-14**のように、電子機器、自動車、医薬品、化学の4つのセクターを等しく25％ずつ保有するファンドが設定されたとします。それが日数の経過とともに市場は変化します。

もし電子機器セクターの銘柄が上がり、化学セクターの銘柄が下がったとすると、ポートフォリオは、**図表2-15**のようになってしまいます。4セクターを等しく保有するのがこのファンドの趣旨で

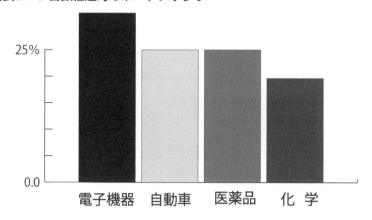

図表2-15 日数経過時のポートフォリオ

　すから、今の状態は基本ポートフォリオから逸脱した状態と言えます。これを修正するには、電子機器銘柄の一部を売却して、化学銘柄を買い増しするというリバランスが必要になります。

　また、同じセクターの中でも、値上がりする銘柄と値下がりする銘柄があります。この場合も、値上がりした銘柄は、セクター内でのウエートが大きくなってしまうので、一部を売却することになります。その分値下がりした銘柄を購入するというリバランスが必要になります。

　このようなリバランスの売買が機関投資家によって行われると、リターンリバーサルと呼ばれる現象が顕著になります。リターンリバーサルとは、割高な銘柄は売られやすく、割安な銘柄は買われやすくなるという現象です。従って低PERの銘柄は、高PERの銘柄よりもパフォーマンスが高いということになります。長期投資の王

道といわれるバリュー株（割安株）投資は長い目で見るとパフォーマンスが良いのは、このリターンリバーサルが利益の源泉のひとつなのでしょう。

　これらのリバランスを利用して利益を上げるトレードを実践することはできるものでしょうか。考えられる一つの方法として、リバランスを実施するであろうタイミングの前に、割高になっている銘柄を空売りして、割安になっている銘柄を買います。しかる後、機関投資家のリバランスの売買に合わせて決済すれば、利益が得られるという戦略です。これをもっと戦略的に実践しようと思えば、セクターごとに、割高銘柄群を空売りして割安銘柄群を買うポジションを作ればいいのです。

　筆者の友人でもある土屋賢三氏は、『リスクを抑えた投資法　株式サヤ取りの実践セミナー』というDVD（パンローリング）で、割高銘柄群の売り、割安銘柄群の買いを毎月毎月調整して利益を上げる方法が紹介されています。非常に論理的で実用性もあるので、興味のある方は見ることをお勧めします。また、『ダウの犬投資法』（パンローリング）という書籍では、アメリカのダウ採用銘柄の中で、割安な銘柄を買っていく方法をあげています。これも理屈は同じで、リターンリバーサルを利用しています。

第3章

公募增資

公募増資とは

　上場企業が、市場から資金調達をしようとした場合に増資を行います。これは企業が上場する目的のひとつで、市場から広く資金を集めることは、非上場企業にはできません。増資は、会社の資本が増えるだけで、借入金や債券のように返す必要がない資金調達です。
　一般的な増資には第三者割当増資と公募増資があります。第三者割当増資は特定の投資家（通常は一般企業や投資会社）に引き受けてもらう形で実施されます。これに対して公募増資（PO）は不特定の投資家相手に広く株を買ってもらう形です。規模も大きなものになりますと、新規に増える株が発行済株式数の10％を超えるものもあります。会社にとっては、市場から資金調達することができて上場メリットをフル活用できるわけですが、その会社に投資している投資家にとっては少々厄介です。
　増資が行われると、発行株式数が増えるため、一株当たりの収益や資産額が下がります。ファンダメンタルズ的に、一株あたりの価値が下がるので下落することが多くなります。これを「希釈化」と言います。また増えた分の株が短期間に市場に流通するので、需給が緩みます。このためやはり株価は下落しやすくなります。
　かつては増資前にヘッジファンドなどに情報が漏れて問題になりました。増資インサイダーと呼ばれたこのやり方は、まず公募増資の情報を公表前にキャッチして、その銘柄に空売りを行います。増資発表後に大幅に下がった株価で値決めされた価格で増資に応募し、高値で売れた空売り玉を現渡しして完了です。こんな無茶苦茶なや

り方がまかり通っていたのですから、実践したヘッジファンドはさぞかし大儲けだったでしょう。もちろん現在は厳しく規制されており、値決め前に空売りした玉を増資に応募して現渡し決済することは禁じられています。これは個人投資家にも適用されますので注意が必要です。

　公募増資を利用してトレードで利益を得ようとした場合、大勢では空売りで下げを狙う戦略がメインになります。このため、ここでは空売りができる銘柄、貸借銘柄がトレードの対象となります。公募増資が発表されてから、値決め、受渡しに至るまで、売り続けるというのも、一つの方法ですし、最も単純に戦略を建てるのならこれでも良いかと思います。もう少し細かく取っていきたいという場合には、時系列にいくつかの段階に分けてみるといいでしょう。先ず、公募増資が発表された直後の第一段階です。発表は日本取引所グループの「適時開示情報閲覧サービス」で見ることができます。トレーダーズWeb等の情報サイトにも載りますが、適時開示情報が一番早いですし、間違いもないので、他のイベント同様、ここを検索することを毎日のルーチンワークにすると良いと思います。

　発表直後の段階ではいったん大きく下落するのが普通でしかも値動きが非常に荒いです。最初から売っていくのであるなら、この段階から空売りを仕掛けることになりますが、思わぬ安値で売り玉を持つことになってしまう場合もあります。発表から２～３日経つと値が戻ることがあります。このあたりで空売りを仕掛けることが、私の場合は多いです。この後は順調に下がっていく場合もあれば何度かの戻りを伴うこともありますが、値決め日に向けて下がる傾向

が強いといえます。

　値決め日は、○月×日から○月△日などと数日間の幅を持たせます。ほとんどの場合は、初日に値決めが行われますが、たまに2日目以降になることがあり、さらには後述しますが公募増資を中止してしまったケースもあります。初日に決まらなくても、特になにか新たな情報が会社から出される訳ではないので、売り持ちしている投資家はみな不安を感じます。このため、初日に決まらない場合、値上がりするケースが多いです。また、公募期間中に貸し株が極端に不足した場合は、日本証券金融株式会社（日証金）によって制度信用の空売りが禁止になることもあります。

　この場合もいったん大きく値上がりするケースが多いのですが、急騰した後、急落することもよくあるのが売り禁の特徴です。こうなると急騰したところで売りたいのですが、売り禁では空売りできません（一般信用で売らせてくれる証券会社があれば可能ですが、このような場面では、どこの証券会社も株不足になっているので難しいでしょう）。

　売り禁に備えて予め、信用売りと信用買いの両建てをしておくという方法もあります。両建てはコストがかかりますので、何でもかんでも両建てにすることはおすすめできませんが、浮動株が少ない中型小型の銘柄やJASDAQ市場やマザーズ市場の新興銘柄は、売り禁になることも多いので、狙い撃ちにするのもよいでしょう。この場合の買いポジションは、現物ではなく、制度信用の買い建てにするべきです。公募増資の期間中は、たいてい制度信用は、売り残が超過になっていて逆日歩が付きます。制度信用の買いを建てるこ

とで、両建てしている間の逆日歩を帳消しにすることができるので、少しでもポジションの維持コストを抑えられます。

公募増資の値決めは、終値を基準にして、何パーセントかディスカウントされた金額で受け渡しがされます。公募増資に応募して当選した場合には、このディスカウント価格で購入できます。またIPO（新規公開株）と同じように、購入手数料はかかりません。公募増資への応募もおいしいように思えますが、値決め日から受渡日までは期間があるので、この間に値下がりしないとも限りません。このため株価安定を名目に、この期間の株価操作が認められています。

安定操作が入る場合には、必ず公表されることになっています。適時開示情報をよく読むと書いてあります。値決め日から受渡日のあいだは、さほど大きく動くことは少ないのですが、安定操作が入る場合は、下値がある程度決まってくるので、下げれば買いが有利です。

安定操作がない場合は、やや下げることが多いようです。特に受渡日が近づくと少しずつですが下がりやすいので、売りがやや有利です。ここまでの段階では、一つキモがあります。それは、「短期で大きく動いたら逆張り」が有利になることです。特にポジションを持っている場合は、いったん利益確定したほうが良い結果になることが多いです。

例えば、「売りポジションを持っていて、急激に下げた場合は手仕舞する。場合と状況によっては、買いポジションを作って両建てする」等です。逆張りで新規にポジションを建てるのはなかなか勇

気がいります。資金量に合わせた建て玉をすることで無理せずトレードしてください。最後に受渡日以降は徐々に株価が回復する傾向が強いのですが、やや長期戦になります。値決め段階、受渡し段階で大きく下がったものは、リバウンドで回復するケースもあります。

　公募増資は他のイベントに比べて、売買の上手い下手がはっきり出ます。筆者のまわりでも長年公募増資を専門に売買している人はやはり上手です。この売買では銘柄選定、売買タイミングの巧拙が損益の大きさに直結します。同じ銘柄を売買しても、人によって損失を出してしまう人もいれば利益を上げる人もいます。これからこの分野に取り組もうとするなら、過去の公募増資をいろいろな角度から研究してみることをお勧めします。

　それでは公募増資の例を紹介します。まずは2017年5月に公募増資の発表を行った南都銀行（8367）です。**図表3-1**は、公募増資前後の南都銀行の日足チャートです。グラフ中、増資発表から値決め日の間をグレーにしています。増資の発表は大引け後に行われていますので、実際に売買できるのは翌営業日からです。グラフをみると発表翌日に大きく下がっているのがわかります。その後は、少しずつ下がっていき、値決め日後、5日までは下がり続けています。

　この南都銀行のケースではきれいに下がり続けていますが、公募増資発表日直後にはもっと乱高下することが多いです。空売りをするなら、公募増資発表後の数日間の間に仕掛けて、値決め日からその2、3日後までの間に手仕舞いをするという戦略がシンプルなやり方です。

　ここ数年の公募増資の特徴としては、以前よりも下げ幅が限られ

図表3-1 南都銀行（8367）の日足チャート

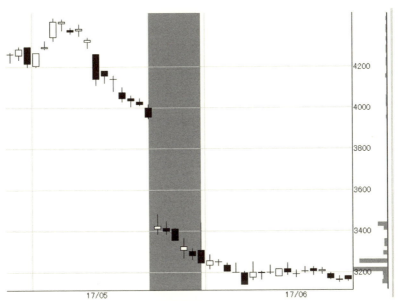

てきています。リーマンショック後の2009年から2011年くらいまでは、資本金に対して巨額すぎるなりふり構わない公募増資が多発して、下げ幅が大きいケースがありました。最近では、新株の希釈率もさほど高くないケースが多く、下げ幅も小さくなっています。これは、アベノミクス以降の好況だった相場環境も影響していると思います。

公募増資が中止になった場合

2017年10月に青森銀行（8342）で公募増資が発表された後、値決

図表3-2 青森銀行（8342）公募増資中止前後の推移

め日になって中止されるという案件がありました。公募増資が中止されてしまう事案は、さほど多くはないのですが、それでも数年に一度は起こっています。しかし今回のように値決め予定日の引けが終わってから中止が発表されるという案件はまれです。

　実は2014年に、サンフロンティア不動産（8934）の公募増資で同様のことがありました。このときは4月16日が値決め予定日初日だったのですが、今回の青森銀行同様、値決め予定日の引け後に公募増資の中止が発表されました。このとき、筆者は空売りのポジションを持っていて、値決め予定日翌日、強烈な上げによって踏まさせられたので鮮明に覚えていたのです。

　さて、今回の青森銀行の値動きを**図表3-2**のチャートで見てみま

しょう。公募増資が発表されてから下げ続けて、価格決定日（実際は価格決定日の初日）を迎えます。チャートの矢印の日が価格決定日（初日）です。前述したようにこの日の引け後に公募増資の中止が発表され、翌日は大幅高で寄りました。しかしその後は軟調で、再び下げていきます。中止後の大幅高は、公募増資を見込んだ空売りが一斉に買い戻されたことによるものでしょう。その後の下げについては、いろんな要因があると思われますが、(1) 急騰の反動、(2) 踏み上げを狙った買いが、さほど上がらないまま含み損を抱えてしまった等で需給が悪くなったからと思われます。

次に2014年4月のサンフロンティア不動産の公募増資が中止になったケースをみていきましょう。**図表3-3**は、公募中止前後のグラフです。今回の青森銀行と同じように、値決め予定日初日（グラフの矢印）に向けて下げます。そして中止発表翌日は、ストップ高比例配分になりました。次の日も大幅高で始まりますが寄り天井となり、その後は、下げていきます。青森銀行の時よりも、こちらのほうが激しい動きになっています。

このふたつのケースで同じような値動きになっていることから、今後同じように公募増資の中止が、値決め予定日後にあった場合は、同様の値動きをする可能性があります。このような特殊条件下のイベントでは、値動きが過去の同様のイベントと似ることがよくあります。いろいろな事例を調べると他にもお宝が見つかるかもしれません。

図表3-3 サンフロンティア不動産（8934）公募増資中止前後の推移

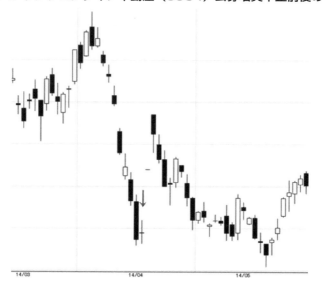

売出し

　公募増資と似たものに、「売出し」があります。手順は公募増資とほぼ同じで、混同する投資家もいるのですが、売出しは公募増資と違い、新株が発行されません。大株主が大量の手持ち株を手放す場合に、売出しが行われます。こちらも適時開示情報に開示されます。売出しの場合には、会社の発行株数は増えないので公募増資のような希釈化は起こりません。しかしたいていの売出しは、売出し元が大株主であるケースです。創業者一族や役員株主などの持ち株は、浮動株ではありません。従って売出しが実施されることにより、

本来浮動株でなかった株が市場に流通します。このため短期的には値下がりすることが多いです。もちろんディスカウントで売り出されますので、その分も値下がりに寄与します。イベントドリブンのトレードとしては、売出しも、空売りで下げを狙いにいくのが基本です。これは公募増資とほぼ同じ考え方でいいでしょう。ただ、希釈化がないことや公募増資に比べて規模も小さいため、下げ幅はおのずと限られます。この点、公募増資の方が空売りするのに適しています。

それでは売出しの例を見ていきます。**図表3-4**は、2018年2月に発表されたヤクルト（2267）の日足グラフです。売出し発表から値決め日の間の色をグレーで表しています。売出しの発表の翌日、大きく下げていますがその後上昇し、4日後にいったんは売出し発表直前の終値を上回りますが、その後また下落に転じているという値動きでした。この動きを空売りで取るのは、なかなか難しいと思います。発表直後に空売りをしたのでは、大きく踏まされます。そして空売りした人がロスカットのラインに定めた（と思われる）発表直前の終値（7,940円）をザラバで超えた後、下落するという、トレーダー泣かせの値動きでした。これほど意地悪な動きではなくても、売出しの下落は、公募増資ほどではないので、やりにくいことが多いです。

また公募増資の中には、売出しが同時に行われることもよくあります。この場合、希釈化は増資による新株発行分のみになります。売出し分では希釈化は起こりませんので計算上注意が必要です。例えば、2018年7月に発表されたイートアンド（2882）の公募増資で

図表3-4　ヤクルト(2267)の日足チャート

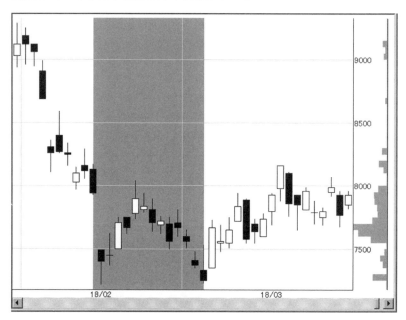

は、新株発行が120万株、売出し分が160万株となっています。このうち、増資によって新たに発行される120万株によって希釈化が起こることになります。もっとも前述したように、今まで固定されていた株が、浮動株になるわけですから需給の悪化を招くという意味では、売出し分も新株と変わりません。

立会外分売

売出しと同じように、市場価格よりもいくらかディスカウントさ

れて市場外で売り出されるものに、「立会外分売」があります。一般的には、売出しよりも規模が小さいものが多いですが発生頻度は売出しよりも多く、頻繁に実施されています。いままで出版された投資本では、あまり詳しく立会外分売について考察したものはありませんでした。そこで本書では、データを駆使して詳しく掘り下げていきます。イベントドリブンとしての立会外分売トレードをする上で充分に参考になるデータが提供できると思います。

　立会外分売で株を放出する側の事情として、売出しよりも立会外分売の方が、手続きが簡便（有価証券届出書が不要）なため、時間や手間がかかりません。このため、比較的、実施頻度が高いと考えられます。また投資家側にとって公募増資や売出しは、値決めから受け渡し日（この日から売却可能）まで1週間以上空きます。そのために、この間の相場変動リスクを受けてしまいます。

　しかし立会外分売の場合は、値決め日翌日に売却することができます。また、公募増資や売出しでは、応募申し込みの締め切りが値決め日の数日前になりますが、立会外分売では、分売当日の寄付き前、午前8時頃に設定している証券会社が多いのです。これは前日の欧米市場や夜間の為替市場が終了している状態であるため、例えば欧米市場が暴落していれば、立会外分売の申し込みを見送ることができます。投資家側からは変動リスクが少ない上に資金効率が良いということになります。

　また立会外分売を実施する目的に、「株主数を増やす」というものがあります。東証二部やJASDAQ、マザーズに上場している銘柄で、東証一部に昇格を狙っている企業があります。これらの企業

には、東証一部昇格条件の株主数が足りていない場合があります。そこで大株主の株を立会外分売で売却し、株主数を増やそうとするのです。このため、特に東証二部銘柄ですでに株主数以外の東証一部昇格条件が揃っている会社が立会外分売を実施すると、東証一部昇格が近いことが投資家に察知されて値上がりする場合があります。

　立会外分売の場合も売出し同様に、売主は大口の株主であることがほとんどです。増資ではないので、立会外分売によって、発行株式数が増えるわけではありません。しかし浮動株は増えることになります。このため、実際に市場に流通する株が増えて、市場では需給が緩みます。これが小規模の立会外分売であれば、あまり影響はないのですが、規模が大きくなると無視できなくなります。

　過去に実施された立会外分売で、大規模な例をあげてみます。2015年6月24日に実施されたGMOクリックHD（7177）の立会外分売は、571万株もの大規模なものです。同銘柄は浮動株が極端に少ない上、分売実施前20日間の平均出来高はわずか12,700株程度でした。立会外分売で放出された株を、この出来高の市場ですべて吸収するには、2年かかる計算になります。このことから市場流通規模に対して巨大すぎる立会外分売だったと言えます。

　図表3-5はその時のチャートで値決め日に縦線を入れています。分売実施日から急落しているのがわかります。このように規模の大きな立会外分売では、需給が緩み、大きな下げを誘発することがあります。

第3章　公募増資

図表3-5　GMOクリックHD（7177）立会外分売のチャート

図表3-6　2013年から2017年の立会外分売件数

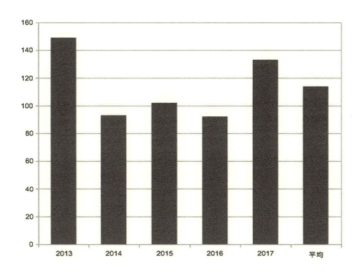

65

データでみる立会外分売

　2013年から2017年の5年間の立会外分売のデータを収集しました。5年間で569件の立会外分売がありました。1年間の平均件数は113.8で、毎年100件前後実施されています（**図表3-6**参照）。このほかに何らかの理由により、中止になった案件が5年間で15件ありました。毎年最低1件は中止になっており、公募増資や売出しの中止があまりないことを考えれば、頻度は比較的高いと思います。

　実施件数のうち貸借銘柄は全体の27％ほどで、残りの73％は非貸借銘柄（信用銘柄含む）です（**図表3-7**参照）。

　立会外分売実施日の寄付きを100として、前日の値決め日大引けから実施日の大引けをグラフにしたのが**図表3-8**です。値決め日大引けから実施日寄付きまでは、約1.5％下がり、実施日寄付きから大引けまでは0.4％ほど上がっています。

　次に年度ごとのばらつきを調べるために、2013年から2017年の各年のグラフを**図表3-9**に載せます。多少の差異はありますが、比較的ばらつきが少ないように感じます。このイベントでは相場全体からの影響を受けにくいようです。

貸借銘柄と非貸借銘柄

　さらに、貸借銘柄と非貸借銘柄の比較をしてみます。**図表3-10**は、貸借銘柄と非貸借銘柄をグラフにしています。貸借銘柄にくらべて、

図表3-7　貸借銘柄の比率

図表3-8　立会外分売全体の推移

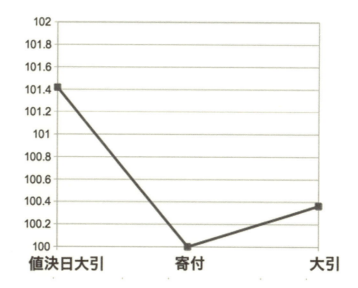

図表3-9 立会外分売年度別の推移

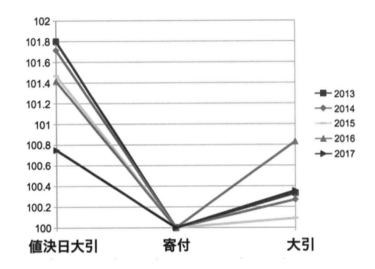

非貸借銘柄は値決めから寄付きまでの下落幅が大きくなっています。また分売日当日の寄付きから大引けにかけては、貸借銘柄のほうが非貸借銘柄よりも上昇幅が大きくなっています。立会外分売には参加しなくても単純にトレードする戦略として、貸借銘柄を分売当日の寄付きで買って、大引けで売ると、平均約0.7％の利益が得られることになります。

他に値決め日に空売りをする戦略も考えられますが、空売り可能な貸借銘柄では下落率が小さくあまり妙味がありません。非貸借銘柄は比較的下落幅は大きいのですが、制度信用ではもちろん空売りが不可能ですし、一般信用で日を跨いで空売り可能な銘柄はごく僅

図表3-10 貸借銘柄と非貸借銘柄の推移

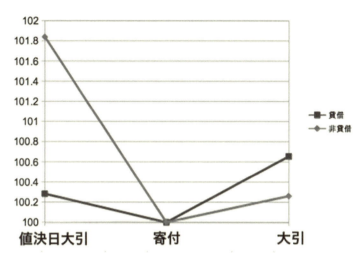

かでしょう。

　では、立会外分売に応募して、短期で売却した場合、どのくらいの損益になるのでしょうか。立会外分売実施日の大引けで売った場合、データ検証した5年の平均値は、プラス1.8％でした。これが貸借銘柄だと、プラス3.2％。非貸借では、プラス1.4％になっており、圧倒的に貸借銘柄のほうがパフォーマンスが高いです。データは手数料は考慮していません。ちなみに立会外分売の場合、応募で買った時の手数料は不要ですので、売却時のみ手数料がかかります。

　また分売当日の寄付きではなく大引けで売っているのは、証券会社によっては、応募して当選した株が口座に反映されるのが、寄付き以降の場合があるからです。とにかく貸借銘柄であろうが非貸借

図表3-11　立会外分売の市場別の件数

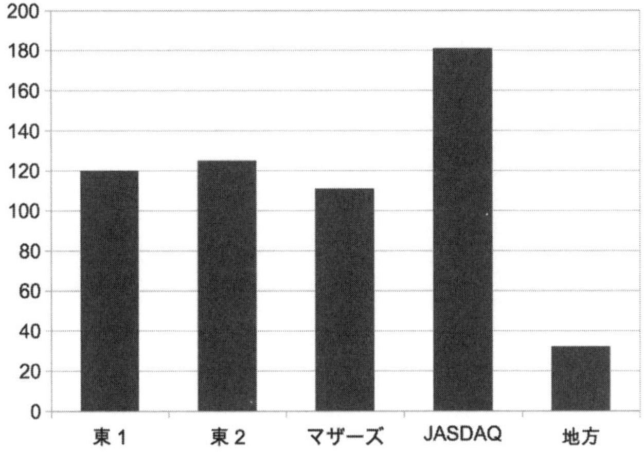

銘柄であろうが、応募して売るだけでも平均値はプラスになることが分かりました。

市場別の考察

次に立会外分売に応募して、実施日の引けで売った場合の利益率を市場別にみていきます。市場別に見た立会外分売の件数は、**図表3-11**のグラフを参照ください。まず東証一部では、プラス1.9％の平均利益率になります。全体がプラス1.8％ですから、それよりもパフォーマンスが高いです。東証二部の場合、プラス2.6％で、飛び抜けて利益率が高くなっています。これは、東証一部への昇格期

図表3-12　立会外分売の市場別の平均利益率

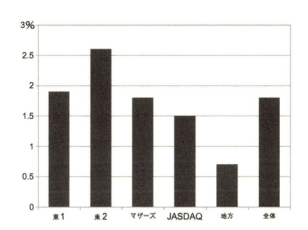

待が入っているからだと推測できます。実際、東証二部の銘柄が立会外分売を実施した後に東証一部に昇格する例は非常に多いのです。

次に東証マザーズです。こちらはプラス1.8％の利益率で、全体の平均値と同じです。JASDAQ市場ではどうでしょうか。利益率はプラス1.5％で、全体の平均値を少し下回っています。最後に地方市場です。こちらは立会外分売の実施件数自体が少ないのですが、利益率はプラス0.7％と市場別では最も悪い数値になっています。ただそれでもプラスになっていますので、これを避けるかどうかの判断は難しいところです（**図表3-12**）。

利益率の次は、同条件で各市場別に勝率を出してみます。ここでは、ディスカウントされた分売価格で買って、分売当日の引けで売った際、分売価格よりも大引けの株価が上回っていたものを勝ちト

レードとしています。分売価格と大引けが同じ場合は、負けトレードに含んでいます。全市場の平均値は、72.4％でした。まず、東証一部での勝率は、76.7％と全体の平均値よりも上回っています。利益率のパフォーマンスが良かった東証二部はどうでしょうか。こちらは81.6％とやはり飛び抜けて高いです。東証マザーズでは64.9％と全市場で最低でした。JASDAQ市場は69.1％で、やはり全体の平均値よりも下です。最後に地方市場ですが、こちらも65.7と良くないです。以上の結果を**図表3-13**でグラフにしています。

ディスカウント率

　次に、立会外分売にあたっては値決め価格からディスカウントが行われます。このディスカウント率は、最高7.37％から最低1.44％までかなり開きがあります。全体の平均は2.8％でした。市場別のディスカウント率のグラフを**図表3-14**に載せます。これをみると東証一部のディスカウント率が最も低く、地方市場では高いことがわかります。これは、流動性があり、応募が多い東証一部市場では、さほど割引しなくても立会外分売への応募が見込まれます。しかし流動性に乏しく、実際に扱う証券会社も限られる地方市場では、大きく割引をしないと応募が少ないのではないかという考え方だと思われます。

　このディスカウント率の多少が、応募して売却するにあたりどの程度影響するのか考察して見ます。私たちが立会外分売に応募しようとした場合、必ずこのディスカウント率が示されており、ここに

図表3-13 立会外分売の市場別の勝率

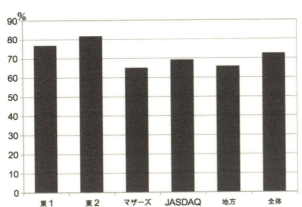

図表3-14 立会外分売の市場別のディスカウント率

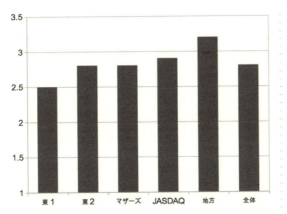

目が行きます。ディスカウント率が高ければ高いほど、市場より安く買えるのですから、有利な売買と思いがちです。しかしもし、高

い割引率分以上に分売実施日の株価が下落するようなら、ディスカウント率は意味がない数字ということになります。

そこを検証するために、ディスカウント率と、分売実施日の大引けでの利益率の関係を散布図にしました（**図表3-15**）。グラフの横軸（X軸）はディスカウント率（％）、縦軸（Y軸）が利益率（％）です。散布図をみると、点がバラついて偏りがありません。近似曲線の傾きもほとんどフラットでほんの僅かに右下がりになっています。これは、ごく僅かではありますがディスカウント率が高いほど利益率も高いことが示されています。しかし実用上、ディスカウント率と利益率には相関がないと考えられます。従ってディスカウント率が高いというだけで、立会外分売に応募する意味はないという結果となります。

以上の結果を踏まえて、立会外分売に応募する場合、まずは分売される銘柄が貸借銘柄か否かを確認します。これが貸借銘柄なら応募して当選を待ちます。また分売が、東証二部銘柄であれば、値上がりする期待値が高い銘柄になりそうです。勝率を優先するならば、東証一部銘柄も良いかもしれません。いかがでしたでしょうか。私たちトレーダーにとって有利な立会外分売と、そうでない立会外分売の違いがデータを分析することで明らかになったと思います。

ブロックトレード

非公開で市場外での売出しがある場合があります。これは主に大手証券会社や準大手の証券会社と顧客の相対で行われるものです。

図表3-15 ディスカウント率と利益率の市場別散布図

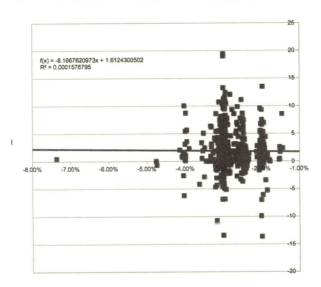

　証券会社によって呼び方が違い、マーケティングオファー、ブロックトレード、ブロックオファーなどと呼ばれています。売出しや立会外分売と同じように、売出日の数日前に発表があり、担当営業から顧客に向けて連絡があります。このときに、売り出される予定の株数、値決め予定日、ディスカウント率などが知らされます。顧客はその情報を元に、応募するかどうかを決めることができます。

　値決め日の終値から数パーセントディスカウントされたものが、実際の売買金額になります。これらは非公開で実施されますし、開示義務がないため「適時開示情報閲覧サービス」には載りません。証券会社の顧客以外には知らされていないので、実施した証券会社

に、口座がないと実施そのものがあったのか調べる手段がありません。大手証券会社の支店に口座を開き、担当者に、もしブロックトレードがあれば教えてほしいと伝えておくと、電話をくれるかと思います。

　今のところネット口座で実施している会社はありません。あくまで対面営業の顧客向けに行われています。ルールも証券会社によって違い、最低応募数が例えば500株以上と決められていたり、手数料が無料の会社と、通常の手数料を取る会社があります。ブロックトレードも規模が大きくなると、それなりに値下がりする場合も見受けられます。これを利用したトレードもできそうですが、公的な情報が取れないので統計分析できないのが難点です。

第4章

TOB（公開買い付け）

MBOとTOB

　投資ファンドや大株主などが持ち株数を増やして会社の支配権を強化したり、株式を完全に非公開にすることを狙って、公開買付け（TOB）が実施されることがあります。

　TOBの中でも経営陣が株式をすべて買い取って完全に支配下におさめようとすることをMBO（マネジメント・バイアウト）と呼んでいます。これを実施する者は上場されている株式をすべて買い取ることで、完全に株式を独占することになります。この場合は当然上場廃止となります。このようなMBOは、年間数件発生しています。通常ですと、株価は買取り価格より少し低い値段まで上昇し、そこからはほとんど動かなくなります。この価格で買って、TOBに応募すればサヤは抜けますが金額はわずかです。それでも年利にすれば1％以上になるケースもありばかにはできません。この場合TOBで買い取ってもらう際には手数料はかかりませんが、市場で買う際には当然手数料を払う必要があります。

　またTOB期間から実際に支払いがあるまでの期間が空きます。年利を計算して採算が合えば買って応募するのも良いでしょう。この場合、もしTOBが成立しないと下落リスクがあります。買付け者が設定する最低買付け株数に達しないほど、応募が少ない場合は不成立です。

　日本では、アメリカのような敵対的TOBが仕掛けられることはあまりありません。TOBの対象となる会社と、TOBを実施する側で話し合いが済んでいるケースが多いのです。対象会社の経営陣に

対して友好的なTOBなのか、敵対的なTOBなのかは、TOB対象会社の取締役会の意見表明が発表されますので、それを見れば分かります。友好的TOBでは応募が過少で成立しないことはほとんどありません、しかし公開買取り期間中に別の買取り者が現れた場合、さらに買取り価格がつり上げられて、その結果どちらの買付け者も株が集まらず不成立になることはあります。TOBの際、別の買取り者が現れるケースは日本では例は少ないのですが、アメリカではよくあるようです。

　会社に敵対的な買収に対して、会社側または会社に友好的な者によりカウンターTOBというものが行われることがあります。この場合も最初の買付け者（敵対的な買収者）より高い値段でTOBを実施します。後から出てきた買取り者のことを「ホワイトナイト」と呼んでいます。最初の敵対的買収から企業を守る白馬に乗った騎士（ナイト）の意味です。

　日本の事例では2006年明星食品に対して投資ファンド、スティール・パートナーズが敵対的TOBを仕掛けた際に、日清食品がホワイトナイトになった例があります。このときには、スティール・パートナーズの敵対的TOBが失敗し、結果明星食品は、上場廃止して日清食品の傘下に入りました。

　いずれにしても、最初のTOBから、プレミアムをつけたTOBを実施した場合、市場での株価は上がります。それどころか後からのTOB買取り価格よりも上がる場合すらあります。これは、買取り者同士のTOBの応酬で、さらに価格が上がることが期待されるためです。TOBが実施された場合、とりあえずは買っておくのも

良い戦略だと思います。そのまま成立すればTOB価格で買い取ってもらえます。この場合はほんの少しの利益に留まります。ほとんどの場合はこのままTOBが成立して、応募した株式に対してTOB価格で金銭が支払われて終わります。しかし、もしさらなる買取り者が現れた場合は、株価は跳ね上がります。特に市場の価格が、TOB価格を上回った場合は、「何か」がある可能性が高まります。

　通常はTOB価格より市場価格が上がることはまれです。もしTOB価格を多少上回った価格で買って、何も起こらなくても損失は購入価格とTOB価格の差だけです。しかし第二の買付け者が現れた場合は、相当額の上乗せが期待できます。損失限定の取引としては、期待値が高いと思います。ちなみにこれらTOBや会社合併のトレードは、狭義のイベントドリブンにあたります。

　TOBは、成立してしまえばそれで終わりというわけではありません。MBOの場合はスクイーズアウトというスキームが残っています。これは二段階買付けとも呼ばれています。TOBに応じなかった株主からも強制的に株を買い取って、すべての株式を買取り者の手中におさめるということです。流れとしては、TOB成立後も買い取りに応じなかった株主によって市場ではしばらく取引が行われます。多くの株主が買取りに応じた後ですので、それほど出来高はありません。市場ではTOB価格より少しだけディスカウントされた値段で取引きされます。これをTOB価格より安く買ってそのまま持っておけば、少なくともTOB価格との差額が利益になります。詳しくは後述のケーススタディで紹介します。まずは単純なTOBの例を見ていきましょう。

友好的TOB

　ここでは最も一般的なTOBの事例を紹介します。黒田電気（7517）に対するTOBは、2017年10月31日の引け後、「適時開示情報閲覧サービス」にて発表されました。開示情報によると、買取り価格は2,720円。買取り期間は11月2日から12月15日までの30営業日。買取り株数の上限はなく、下限のみ設定されており、それが18,918,900株。もしTOBへの応募が下限に達しないときにはTOB自体が不成立になります。

　買付け者の主体は投資ファンドのようです。公開買付代理人として大和証券が記載されています。投資家が自分の持株や、TOB発表後に買った株を買い取ってもらうためには、大和証券の本支店に株を移管した後に買取りの手続きをすることになります。適時開示情報には、先の開示情報と全く同時刻に、黒田電気から「公開買付に関する意見表明のお知らせ」というタイトルの適時開示情報が出ています。この中身を読むと、黒田電気の取締役会の決議として、TOBに賛同し公開買付けへの応募を推奨するというものでした。この開示情報から、今回のTOBが、黒田電気の会社側はTOBに対して敵対していないことがわかります。

　さてTOBが発表された翌営業日の11月1日は、前日比500円高の2,520円ストップ高比例配分になりました。もしこの日に買うことができれば、買取り価格の2,720円との差額200円がローリスクで手に入りますが、比例配分では、買い注文が約定することは困難です。翌11月2日は2,711円で寄り付きます（**図表4-1**参照）。

図表4-1　黒田電気(7517)TOB発表前後のチャート

　この価格で買ってTOBに応募して成立すれば手数料別で0.33％の利益が得られることになります。年利に換算すれば、決してばかにできない利益になります。もちろんTOBが成立することが条件ではあります。TOB不成立のリスクについては後述します。

買取り上限があるTOB

　MBOと異なり、必要なだけの株数を買い取る上限付きTOBもあります。これは一定数の株を保有する目的があるものの、上場はそのまま保つという場合のTOBです。イベントトレーダーとしては

図表4-2 TOBのロードマップ

　この上限付きTOBのほうが、工夫の余地があるため面白いのです。このタイプのTOBをトレードするにあたって一番大事なのは、どのくらいの応募があるのかを読み切ることです。買取り上限数と応募予定数を比較することで、株をどれくらい買って応募すれば良いのか、また空売りでヘッジする場合には、どれくらいヘッジすればいいのか。ヘッジしない場合は、どれくらいの金額なら、買って応募しても利益が出るのかを見極める必要があります。

　ここではパルコ（8251）のTOBを利用したトレードを紹介します。このケースでは、株の買取り数を38,522,600株の上限としています。上限を超えて応募があった場合は、按分され上限株数のみ買い取られ、買取りから漏れた株は、公示後、一定期間を経て（規定では20営業日以上。今回は30営業日）締め切り日以降に返却されます（**図表4-2**参照）。このような条件の中、どのようにすれば、このTOBから利益の出るトレードをすれば良いのか考えていきたいと思います。

　時間を公示があった前日の2012年7月4日に戻してみます。7月4日は、場中にパルコ TOBのニュースが流れました。これを受けてパルコは急騰します（**図表4-3**参照）。一般的にTOBは市場の株価にプレミアムをつけて買い付けるのが普通（ディスカウント

図表4-3 パルコの日足チャート

TOBのような例外もある)なので、ニュースで TOBのうわさが流れると株価は上がります。しかしこの時点では不明確な事項が多いため、売買行動を取るには時期尚早です。テレビや Webサイトでニュースとして流れた場合、すぐにでも売買したくなる衝動に駆られるとは思いますが、ここは我慢です。正式な公示は「適時開示情報閲覧サービス」にて発表されます。

この日の夜、適時開示情報では、パルコから「本日の一部報道について」というタイトルで開示情報があり、公開買付の情報は、パルコが発表したものではないことが載せられています。同時に「今後、開示すべき事実が決定された場合には速やかに公表いたしま

す。」と発表されていますので、TOBの正式発表が近いことが読み取れます。翌日7月5日の場が引けてから、適時開示情報で正式な発表がありました。タイトルは「Ｊ．フロント リテイリング株式会社による当社株券に対する公開買付けに関する意見表明及び同社との資本業務提携契約の締結のお知らせ」という非常に長いものでした。36ページもあるPDFファイルですので、端から端まで読んでいては時間がかかります。大事なポイントだけじっくり読んで、あとは流し読みすれば良いと思います。

　まずは一番大切な項目であるTOB価格を確認します。買付け価格は、1,100円になっています。原則この価格で株が買い取られます。次に、買付けの条件を調べます。買付け株数に、上限、下限が設けられている場合があるので、それをチェックします。買付け予定の株券等の数という項目を見てみると、下限はなく、上限が38,522,600株であることが見て取れます。これが MBOの場合ですと、上限がなく、下限だけを設定、あるいは全く設定がないという記載がされています。買付けの期間を確認します。7月9日から8月20日までの30営業日となっています。

　最後に、決済金融機関を見ます。大抵、書類の最後のほうに出ています。今回は野村證券でした。さてこれだけ分かれば、いよいよパルコを買って応募すれば良いのですが、応募締め切りに間に合わせる必要があります。最終日までに野村證券で公開買付の応募が受け付けられている必要があります。もし野村に口座がなければ、口座開設から始める必要があります。TOBに関するトレードをするつもりなら、決済金融機関になることが多い、大手証券、準大手証

券には予め口座を作っておいたほうが便利です。その際、他に理由がなければ、手数料の安いオンライン口座にしておいたほうが便利です。野村證券のネット専用口座である野村ネット＆コールの場合ですと、Webの画面上でTOBの申込ができます。オンライン上でTOBの手続きができるメリットは、手続きが簡単であるほか、締め切りぎりぎりでもTOBの手続きができることです。通常の対面営業店で手続きをしようとすると、郵送でのTOB応募申し込みが普通です。その場合は郵便の到着日数に余裕を持つ必要があるため、締め切り間際の申し込みは困難になります。

　普段使っているネット証券などもっと手数料が安い証券会社で買う場合は、野村證券の口座に移管手続きをする必要があります。移管に要する日数は会社によってかなり開きがあり、移管の書面到着後、数日で移管できる会社もあれば、10日以上かかる会社もあるようです。買付け期間終了に間に合うよう移管完了させる必要があります。証券会社の多くは移管手続きの手数料を無料にしていますが、一部に有料の会社があります。TOB応募の移管に限って手数料を無料にする会社もあります。移管手続きは書面で行いますので証券会社に予め書類を請求しておきます。

　さて公示が出た7月5日の翌日以降の株価は980円から990円台で推移しています。なるべく安く買う方が利益が多くなるのは当たり前ですが、買取り価格は1,100円ですから、10%以上は取れそうです。ただし、今回のTOBでは買取り株数に上限がありますから、按分されて何割くらい買い取ってもらえるのかを見極めること。これが上限つきTOBで利益を得る最もキモになる部分です。

買取り割合は応募数で決まります。応募が上限である38,522,600株以下なら全数買い取ってもらえます。どれくらいの応募があるのかは、株主の一覧をみて見当をつけるしか方法がありません。株主構成は、公示にも載っていますし四季報にもあります。全発行株は101,462,900です。このうち買付け者であるＪ．フロントリテイリング（以下、Ｊフロント）は当然応募しないでしょう。この分が27,400,000株。ちなみに四季報などは、森トラストが、筆頭になっていますがこれは２月末時点のもので、３月にＪフロントに売却しています。また大株主であるイオンは応募しないというニュースが流れました。これを信じるなら同社の10,133,800株も除外します。関係の深いクレディセゾン7,760,000株も応募しないでしょうから、合計すると買付け上限株数の３割弱になります。

　大株主が上場会社の場合、TOBに応募するしないを「適時開示情報閲覧サービス」で公開する場合もありますので注意をする必要があります。諸事情によって応募しない株主もいるでしょうから、まあ70％の買取りは堅いと予想できます。余談ですが、Ｊフロントは森トラストから３月に株を購入後、金商法により３カ月間、追加購入ができなくなっていました。ですから３カ月経過した６月下旬以降から、TOBの可能性はあったわけです。

　実際TOBを予測して６月下旬に先に買っていた個人投資家もいたようです。TOBの情報は各種の報道機関によってニュースが流れていますが、比較的ロイター（http://jp.reuters.com/）の情報は信頼できそうです。報道の中には経済ニュースには強くないところもあるようで、今回のTOBでもパルコが上場廃止になるような誤

報まであリました。

　話を戻します。TOBの買取り率が70％以上と予測できたことで、購入して応募する株数の２割から３割程度をヘッジすることにします。シンプルに売買するなら、現物買いと同時にヘッジの信用売りを建てれば良いのですが、コストを減らすための工夫をしてみましょう。

　今回のように株不足になることが予想され逆日歩必至の信用売りはなるべく建てる期間を短くすることでコストを抑えられます。ですから期間終了ぎりぎりで売り建てることが望ましいのです。しかし過去このようなTOBの場合、新規売建て禁止の処置がとられることが多かったので、終了近くまで待って、その間に売建てができなくなってしまう可能性がかなり大きいのです。そこで、ヘッジ分の売りに信用の買いを同数建てます（いわゆる両建て）。

　そしてしかるべき時に信用買いのみ決済することで、売建てを残すという方法を取ります。こうすることで新規売りが禁止になっても、売りポジションを作れます。また両建て期間中は逆日歩が相殺されるメリットもあります（**図表4-4**参照）。

　では、TOBの結果をみてみましょう。８月21日の引け後、適時開示情報に公示されました。買取り株数38,522,600株に対して応募は45,506,332株。約84.7％の買取りになります。意外なほど高率でした。仮に1,000株応募した場合について損益を計算してみます。

　まず買いは７月20日の寄付きで買った場合の逆日歩980円。ヘッジの売りは２割の200株を８月17日の寄付きで入れた場合（実際には両建ての買いを外す）の996円とします。また応募から漏れた200

第4章　TOB（公開買い付け）

図表4-4　パルコの株価推移と逆日歩

日付	始値	高値	安値	終値	前日比	出来高	信用売り残	信用買い残	貸借倍率	逆日歩
2012/07/04	821	972	815	972	150	274000	83800	128300	1.53	0
2012/07/05	950	953	937	947	-25	4876100	339800	298000	0.88	0
2012/07/06	970	982	968	971	24	1779800	357500	369800	1.03	0
2012/07/09	986	1001	983	992	21	1418200	334900	279800	0.84	0.05
2012/07/10	992	994	986	987	-5	696300	328900	206800	0.63	0.05
2012/07/11	990	991	987	988	1	435700	345500	212700	0.62	0.05
2012/07/12	988	990	986	988	0	637900	359800	173600	0.48	0.05
2012/07/13	987	988	982	984	-4	542200	353900	166800	0.47	0.05
2012/07/17	985	987	981	982	-2	367800	340700	197800	0.57	0.05
2012/07/18	981	981	976	979	-3	471400	345500	223600	0.65	0.05
2012/07/19	979	981	976	981	2	452900	378500	184800	0.49	0.05
2012/07/20	980	982	978	980	-1	275200	382800	148900	0.39	0.05
2012/07/23	983	988	981	986	6	334200	451400	143400	0.32	0.05
2012/07/24	986	988	984	986	0	277600	455400	142300	0.31	0.05
2012/07/25	986	987	981	982	-4	407500	415500	152000	0.37	0.05
2012/07/26	984	985	980	984	2	254000	429900	143800	0.33	0.05
2012/07/27	985	987	983	987	3	147500	462000	140200	0.3	0.05
2012/07/30	987	992	987	991	4	201600	473400	136800	0.28	0.05
2012/07/31	991	999	990	996		312200	484400	130500	0.27	0.05
2012/08/01	998	999	993	998	2	209100	489700	108800	0.22	0.05
2012/08/02	997	997	992	995	-3	322100	516600	110100	0.21	0.05
2012/08/03	995	997	992	994	-1	177300	508700	109600	0.22	0.05
2012/08/06	1009	1025	1003	1025	31	706400	457700	350200	0.77	0.05
2012/08/07	1018	1021	1010	1012	-13	698500	443900	360600	0.81	0.05
2012/08/08	1014	1017	1009	1010	-2	318400	435900	381500	0.88	0.05
2012/08/09	1011	1012	1007	1008	-2	481900	453000	295500	0.65	0.05
2012/08/10	1006	1012	1003	1005	-3	352300	447200	236800	0.53	0.05
2012/08/13	1004	1009	1004	1009	4	429900	464100	244100	0.53	0.05
2012/08/14	1015	1025	1014	1023	14	472000	557100	136200	0.24	30
2012/08/15	1020	1035	1017	1030	7	1474800	712200	192700	0.27	30
2012/08/16	1008	1031	1007	1026	-4	467900	511300	200000	0.39	28
2012/08/17	996	997	911	934	-92	552600	584000	191300	0.33	20
2012/08/20	933	954	894	943	9	482900	576400	30000	0.05	20
2012/08/21	938	960	913	950	7	213600	553100	51500	0.09	20
2012/08/22	890	914	867	898	-52	1206500	356100	89900	0.25	10
2012/08/23	894	958	890	920	22	458900	319300	82300	0.26	8
2012/08/24	922	968	917	951	31	414500	319500	70300	0.22	
2012/08/27	951	959	939	943	-8	232000	279000	91000	0.33	0.3
2012/08/28	940	940	891	904	-39	186500	281500	71800	0.26	0.25
2012/08/29	866	887	866	870	-34	237600	330600	44700	0.14	0.05
2012/08/30	863	873	861	866	-4	150200	331000	47500	0.14	0.05
2012/08/31	866	873	860	860	-6	217000	332800	44100	0.13	0.05
2012/09/03	855	857	834	835	-25	148200	325800	44800	0.14	0.05

株は、返却後、現渡しをする方法もありますが、逆日歩のコストを考えて、8月22日の寄付きで売り買いクロス売買するものとします。結果は、手数料を除くと、

TOBでの買取り分が、

1100円 － 980円 × 800株 ＝ 96,000円

ヘッジ分が、
996円 － 890円 × 200株 ＝ 21,200円

漏れた分の市場売却が、
890円 － 980円 × 200株 ＝ ▲18,000円

締めて、
99,200円
と言いたいところですが、これには逆日歩が入っていません。8月17日の逆日歩が20円、20日が20円、21日が60円（**図表4-3**参照、21日の逆日歩は20円ですが、3日分かかるため60円となります）、合計100円× 200株 ＝ ▲20,000円。これで合計が79,200円となり、ヘッジの効果が逆日歩でほとんど消えてしまいました。

もしヘッジなしなら、
96,000円 － 18,000円 ＝ 78,000円
の利益です。ヘッジの比率や売り建てた時期によっては、ヘッジなしの方が利益が大きいという結果になってしまいました。これは逆日歩が大きかったというのが大きな要因ですが、TOB締め切り後の下げがそれほど大きくなかったというのも原因です。これは結果論であり、やはりヘッジをつけるのが安全なやり方であると思うし、低リスクでこのイベントを取ろうとする場合の基本であろうと思い

ます。

　このようなTOBは時々実施されますので、今回のケーススタディを参考に参加してみるというのはいかがでしょうか。ただ実際には、TOB発表直後、あるいは早期に新規売りが禁止される事例が多いです。今回の事例から、例えば、買付け締め切りまでの短期間に逆日歩を狙って信用買いをするなど、単純に TOBに応募するだけではなく、いろんなトレード戦略が組めそうです。

株式交換によるMBO

　次に、株式交換によるMBOの例を挙げます。先に挙げた単純な買取りのTOBにくらべて少し複雑です。ここではソフトバンク（9984）によるイーアクセス（9427）の完全子会社という狭義のイベントドリブンを筆者が「リスクアービトラージ」という手法で売買した例が過去にありました。当時書いたパンレポートから抜粋します。合併企業の株式を株式交換比率や合併比率をもとに乖離したサヤを取る手法は、リスクアービトラージとも呼ばれ、ヘッジファンドの有力な手法のひとつになっています。

　古くは、映画『ウォール街』のモデルとも言われているアイバン・ボウスキーが得意としていました。詳しくはアイバン・ボウスキー本人の著書『マージャー・マニア』（日本経済新聞社）をお読みください。絶版書ですが、中古本がかなり出回っているようです。近年では、サブプライムローンのCDSで稼ぎまくったジョン・ポールソンも、元々はリスクアービトラージの手法で有名なヘッジファ

ンドマネージャーでした。

　それでは時系列にイベントを追っていきます。まず、2012年10月１日の引け後、「適時開示情報閲覧サービス」で、ソフトバンクによるイーアクセスの完全子会社化が発表されます。要点をあげると、（1）株式交換よって完全子会社とする。（2）交換比率はソフトバンク１株に対してイーアクセス16.74株。（3）契約締結（10月１日）後10日間のソフトバンク株の終値平均が、基準価格（3,108円）の85％未満になった場合、52,000円をこの10日間の終値平均値（公表後基準価格）で除した数に調整する。（4）2013年２月22日をイーアクセスの最終売買日として２月28日株式交換を予定。

　この発表でやや分かりにくいのは（3）で、これはソフトバンクが急落した場合の救済処置と考えられます。つまりソフトバンク株が10月２日以降10営業日の終値平均が3,108円の85％未満（2,641円）にも達しなれば、52,000円をこの期間の終値平均値で割った数値を新たな交換比率とするというものです。開示文書の中でソフトバンクは、イーアクセスの評価額を１株52,000円とすると書かれており、この価格が交換比率の基になっています。

　10月２日のイーアクセスは、前日の発表を受けてストップ高比例配分で終わっています。以後10月５日まで毎日ストップ高比例配分となり、株式交換の理論株価に近づいていきます。10月９日ようやくザラバでの売買が成立します。この日の終値は49,350円。理論価格から約2.2％ディスカウントです（**図表4-5**の右端、DC率の欄参照）。

　実質的には、この日からアービトラージの売買が可能になります。交換比率から、イーアクセス６株の買いに対してソフトバンク

図表4-5　イーアクセスの株価、合併による理論株価の推移
　　　　（11月5日は変更された交換比率を使っています）

日付	始値	高値	安値	終値	前日比	出来高	SB終値	理論株価	DC率(%)
2012/10/1	15,000	19,070	14,950	19,000	3,930	48,906	3,105	51977.7	63.4
2012/10/2	23,000	23,000	23,000	23,000	4,000	7,547	3,195	53484.3	57.0
2012/10/3	28,000	28,000	28,000	28,000	5,000	2,395	3,195	53484.3	47.6
2012/10/4	33,000	33,000	33,000	33,000	5,000	1,475	3,130	52396.2	37.0
2012/10/5	47,000	47,000	47,000	47,000	14,000	14,885	3,050	51057.0	7.9
2012/10/9	47,050	49,500	47,000	49,350	2,350	568,228	3,015	50471.1	2.2
2012/10/10	48,550	49,000	47,500	47,700	-1,650	139,616	2,921	48897.5	2.4
2012/10/11	47,000	48,000	46,600	46,600	-1,100	138,137	2,881	48227.9	3.4
2012/10/12	40,000	40,900	39,600	39,600	-7,000	202,086	2,395	40092.3	1.2
2012/10/15	39,150	39,600	35,350	36,600	-3,000	325,164	2,268	37966.3	3.6
2012/10/16	39,400	41,000	39,050	40,500	3,900	146,779	2,485	41598.9	2.6
2012/10/17	41,200	42,950	41,100	42,950	2,450	130,327	2,625	43942.5	2.3
2012/10/18	43,550	43,700	42,150	42,400	-550	71,837	2,600	43524.0	2.6
2012/10/19	42,050	42,500	41,650	41,850	-550	41,527	2,569	43005.1	2.7
2012/10/22	41,250	42,300	41,250	42,200	350	42,908	2,590	43356.6	2.7
2012/10/23	42,550	42,700	42,050	42,150	-50	36,608	2,592	43390.1	2.9
2012/10/24	41,800	42,300	41,800	41,950	-200	34,356	2,576	43122.2	2.7
2012/10/25	41,900	42,350	41,350	41,350	-350	44,472	2,556	42787.4	2.8
2012/10/26	41,900	42,350	41,750	42,100	500	77,262	2,599	43507.3	3.2
2012/10/29	42,050	42,050	41,400	41,550	-550	48,900	2,577	43139.0	3.7
2012/10/30	41,550	41,650	40,550	40,700	800	52,569	2,600	41860.5	2.8
2012/10/31	40,050	41,100	39,950	40,350	-400	77,318	2,527	42302.0	4.6
2012/11/1	45,250	46,650	43,000	44,400	4,050	210,863	2,618	43825.3	-1.3
2012/11/2	44,450	45,500	44,400	45,500	1,100	50,442	2,714	45432.4	-0.1
2012/11/5	51,000	51,800	50,800	51,600	6,100	209,028	2,664	53519.8	3.6

100株の空売りが適当です（100÷6＝16.67≒16.74）。これをこの日の終値で実行し、株式交換（2月28日）まで維持した後、ソフトバンク株に交換された現物を渡せば、2.2％の利益になります（手数料、諸経費を除く）。実際には、ザラバでディスカウントが小さくなった場合は反対売買を行い利益確定するのが実践的なやり方でしょう。これは、商品先物での現物サヤ取りに対する、両外しサヤ取りの考え方と全く同じです。また実際に交換を受けると、端株（単元未満）が発生してこれを処理しなければなりませんので余計なコストもかかります。そして、最終的に株式交換が成立するまでのイベントリスクがあります。

　例えば、子会社化が法律上問題になって、白紙撤回されるような

ケースです。アメリカでの合併案件では、独禁法に触れると司法判断が下されて合併自体が中止に追い込まれたケースも多くあります。リスクアービトラージの「リスク」とは、このようなイベントリスクを指しています。

　そして10月11日夜、衝撃的なニュースが流れます。ソフトバンクが、アメリカの大手携帯スプリントネクステル社（S.N）を買収するというニュースです。10月12日のソフトバンクは買収を嫌気して急落します。この日イーアクセスはストップ安で引けました。理論株価に対するディスカウントは1.2％に縮まっていますが、これは値幅制限によるものです。ちなみにこの日は、イーアクセスとの契約締結の翌日から8日目で、仮にソフトバンクがこの日から3日間ストップ安になっても、基準値の85％未満にはならず、交換比率は変わらないことになります。その後、ソフトバンクは、買収のために公募増資を行わない等の発表を行い株価は回復します。この間のイーアクセスのディスカウント率は2％後半から3％程度で推移しています。

　10月31日の場中に、今度はイベントに参加しているトレーダーにとって恐ろしいニュースが流れます。ソフトバンクがイーアクセスの完全子会社化を断念というものです。ニュースを受けてイーアクセスは急落し、異常なディスカウント率になります。この日の終値でのディスカウント率は、4.6％。ザラバではもっと開いていたかと思います。もし完全子会社化を本当にやめるなら、明日はイーアクセスの急落は必至です。そもそもリスクアービトラージそのものが成り立ちません。大ピンチです。この日の夕刻ソフトバンクの決

算発表とともに記者会見があり、報道されました。「イーアクセスは全株取得後に出資比率を下げる。株式交換比率は見直す方向」という内容でした。とりあえず株式交換は行われるようです。さらに交換比率の見直しということならば、ポジションは非常に有利になります。

　11月1日イーアクセスは急騰。この日の終値でのディスカウント率は何と、マイナス1.3％。プレミアムが付いています。これは交換比率見直しが織り込まれているのでしょう。もし52,000円基準で、見直しがされるなら、今の株価でも充分安いことになります。ここは、増し玉のポジションか、イーアクセスの単独買いを決行すべきなのでしょうが、いままでの経緯が頭をよぎります。この日、それほど多くはない株数でポジションを取りました。

　11月2日の夕刻、適時開示情報で発表がありました。以下その概要です。(1) 交換比率は、ソフトバンク1株に対して、イーアクセス20.09株。(2) イーアクセスの最終売買日は12月25日。交換日は1月1日。これで、既に持っているポジションに対してボーナス確定です。さらに株式交換日が前倒しになりました。交換比率の変更は、イーアクセスに配慮したものでしょう。イーアクセスにとって、スプリントネクステル社の買収など寝耳に水だったはずです。流石にこのままでは不味かったのではないかと推測されます。

　さて、今後ですが、「ディスカウントが大きくなることがあれば、リスクアービトラージのポジションを取り、ディスカウントが小さくなればポジションの解消」という戦略を取りたいと思います。交換比率が変更になったので、(100 ÷ 5 = 20 ≠ 20.09) イーアクセス

図表4-6　ソフトバンクの株価の推移

日付	始値	高値	安値	終値	前日比	出来高	貸借倍率	逆日歩
2012/10/1	3,150	3,180	3,050	3,105	-55	6,193,100	1.36	-
2012/10/2	3,205	3,250	3,135	3,195	90	9,846,200	1.08	-
2012/10/3	3,205	3,220	3,155	3,195	0	4,704,700	1.25	-
2012/10/4	3,190	3,195	3,125	3,130	-65	4,092,600	1.47	-
2012/10/5	3,100	3,115	3,005	3,050	-80	7,444,500	1.47	-
2012/10/9	2,975	3,025	2,908	3,015	-35	14,823,700	1.01	-
2012/10/10	2,956	3,005	2,908	2,921	-94	9,908,800	1.85	-
2012/10/11	2,871	2,941	2,861	2,881	-40	9,721,800	1.76	-
2012/10/12	2,431	2,493	2,382	2,395	-486	68,725,100	2.7	-
2012/10/15	2,396	2,413	2,200	2,268	-127	52,914,800	2.22	-
2012/10/16	2,418	2,518	2,404	2,485	217	63,659,800	0.74	0
2012/10/17	2,536	2,625	2,534	2,625	140	49,531,200	0.67	0
2012/10/18	2,675	2,685	2,586	2,600	-25	31,216,800	1.73	-
2012/10/19	2,583	2,604	2,553	2,569	-31	14,956,000	2.24	-
2012/10/22	2,545	2,592	2,532	2,590	21	9,578,100	2.63	-
2012/10/23	2,611	2,623	2,583	2,592	2	7,971,900	2.81	-
2012/10/24	2,574	2,596	2,568	2,576	-16	6,417,200	2.75	-
2012/10/25	2,575	2,601	2,538	2,556	-20	8,732,000	2.58	-
2012/10/26	2,580	2,610	2,564	2,599	43	11,874,500	1.93	-
2012/10/29	2,600	2,600	2,565	2,577	-22	5,164,400	2.21	-
2012/10/30	2,578	2,583	2,500	2,508	-69	6,574,900	2.61	-
2012/10/31	2,504	2,575	2,481	2,527	19	9,508,800	2.57	-
2012/11/1	2,590	2,658	2,570	2,618	91	17,821,700	1.12	-
2012/11/2	2,650	2,717	2,650	2,714	96	12,918,800	1.03	-
2012/11/5	2,670	2,674	2,636	2,664	-50	14,284,800	0.85	-

5株の買いに対して、ソフトバンク100株の空売りが妥当なポジションになります。11月5日現在では未だソフトバンクに逆日歩は発生していませんが（**図表4-6**参照）。今後、アービトラージのポジションが増加すれば株不足になり逆日歩が発生する可能性が高いので、維持コストにも注意が必要です。理論的には、イーアクセスの最終売買日に近づくほど、ディスカウントが少なくなってくるはずです。これは、維持コストが減ることと、発生しうるイベントリスクが残り時間の減少とともに小さくなるからです。

　レポートの内容は以上です。当時、このイベントでニュースを集めている際に気づいたのですが、各種の掲示板や個人投資家のブログなどに、明らかに間違ったことを書いている例がありました。例

えば、イーアクセスの評価額である52,000円でソフトバンクが買い取る等、単純なTOBと間違っている例。またイーアクセスの株価は52,000円を超えては上がらない等、株式交換を根本的に理解していない事例。ほかにもIRやニュースを間違った解釈をしているケースがありました。確かに適時開示情報はやや難しい書き方をしているので、解釈を誤ってしまう可能性がありますが、何度も読めば理解できると思います。意図的なのか、間違っているだけなのかは分かりませんが、いい加減なネットの書き込みをうのみにしないよう注意しましょう。またニュースを読む際には、必ず通信社（時事、ロイターなど）のものを確認する必要があります。最終のニュース提供者（新聞社やテレビ局のニュースサイト等）が間違っているケースも過去にはありました。

　最後に、リスクアービトラージの利益の源泉は、イベントリスクと隣り合わせで、必ずしも安全なものではありません。資金に対して大きなポジションを取りすぎないよう注意しましょう。

特別配当付きTOB

　2017年実施されたカルソニックカンセイ（7148）のMBOは、少し変わったスキームで行われました。TOB価格は、1,860円ですが、570円を特別配当として実施し、実際の買い取り価格は1,860円から配当分を引いた1,290円とする、というものです。どうやらカルソニックカンセイの大株主に税法上のメリットがあるスキームにしたようです。

図表4-7　カルソニックカンセイ(7148)TOB発表後の株価の推移

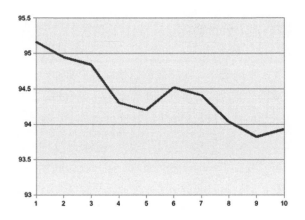

　我々投資家側から見た場合、配当と買取り価格の合計で同じならば良いのではないかと思ってしまうのですが、少々問題があります。というのは、特別配当のうち、資本を取り崩して行われる「みなし配当」分は、税金が源泉徴収されてしまうからです。そしてそのことが、TOB発表後の株価に影響を与えたようです。

　図表4-7 は、カルソニックカンセイのTOBが発表された後10日間の株価の推移をTOB価格を100としたパーセンテージで表したものです。ただし、株価がTOB価格にサヤ寄せする過程でストップ高で比例配分された日はカウントせず、全株一致で成立した日を最初の日にしています。グラフをみると、5％以上ディスカウントされた価格で推移していることがわかります。これを最近のMBOを目的としたTOBの株価推移と比較してみます。

図表4-8　ニッコウトラベル(9373)TOB発表後の株価の推移

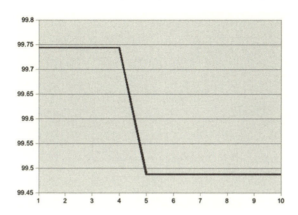

図表4-9　USEN(4842)TOB発表後の株価の推移

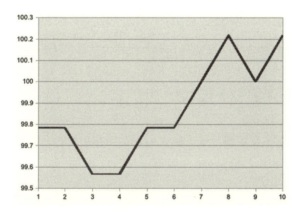

　図表4-8は2018年2月10日にTOBを発表したニッコウトラベル（9373）の価格推移です。**図表4-9**は今年2月13日にTOBを発表したUSEN（4842）の価格推移です。いずれも1％に満たないディ

スカウントで、これらの株を証券会社で買ってTOBに応募しても、手数料を引くと利益は多くありません。これに対し、カルソニックカンセイの場合は、ディスカウント率が異常に高いことがわかります。カルソニックカンセイを市場で買って、この5％を超えるディスカウントをそのまま受け取ることができるケースを考えてみます。

　特定口座で損勘定がある、あるいは昨年までの損失繰り越しを含めて、配当以上に損失があったとします。この場合、年末調整で還付請求をすれば、源泉徴収された分は返ってきます。もちろん、実際に返ってくるのは、来年2月以降になるので、ほぼ1年間資金を寝かすことになってしまいます。これさえ留意すれば、かなりおいしい投資とも言えます。今回のディスカウントが大きかった理由については、おそらく源泉徴収された税金が返ってこない立場の投資家が売っていたと推測できます。今後も同様のスキームでのMBOが出てくれば、トレード対象として面白いと思います。

スクイーズアウトについて

　MBOが行われる際には、株式の非公開化が必然になり、TOBで多数の株式を取得したあと上場廃止になります。もちろん多数の株を買い付けた時点で上場基準に抵触するのが普通です。上場廃止後には株の独占化をするために、残った株主から株を買い取るスクイーズアウトが行われます。では私達トレーダーや投資家がTOBに応募しなかった場合やTOB後に株を買った場合はどうなるのでしょうか。

公開買付け者が作成する分厚い公開買付説明書（PDFになっているものが多い）を読むと、二段階買付けの説明がされている箇所があります。ここを読むと今後どのようなスキームが行われる予定なのかが書いてあります。一番多いパターンは、臨時株主総会を開き、定款の変更をした上で全部取得条項というものを付けるという方法がとられます。この場合、一般の株主には新株の端株という形で形式上の株が配分された上で、現金が支払われます。端株であるから議決行使権はないという考え方です。この金額は通常はTOB価格と同じ金額です。このようにして少数株主に対価を払って追い出すことをスクイーズアウトと言います。

　全部取得条項スキーム以外の方法として、合併によるものがあります。これは、SPC（特別目的会社）を設立した上で、SPCを存続会社とする合併を行い、消滅した元上場会社を清算配当してしまうというスキームです。ちょっとわかりにくいのですが、両者の違いは、前者が、旧上場会社を存続させたまま新株が発行されるのに対して、後者は、合併された旧上場会社を消滅させた上で、金銭が支払われます（**図表4-10**参照）。

　MBOが行われた株式は、TOBが終了しても実際に上場が廃止されるまでの間、ひきつづき取引所で売買されます。売買されている株式は、いずれスクイーズアウトされることになりますので、TOB価格から少し下の価格で売買されていることがほとんどです。この時市場で買って、ホールドすれば購入価格と、スクイーズアウトされる価格との差だけ利益が得られます。ただし通常は1％以下の利益しか得られませんから、手数料が高い証券会社ですとほとん

図表4-10　スクイーズアウトのスキーム

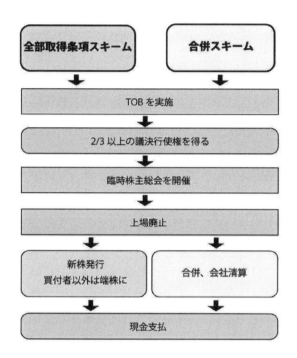

ど利益がなくなってしまいます。しかし、マーケット全体が暴落するようなイベント（例えば東日本大震災）が起こった場合などはTOB価格からかなり下がることもあります。至急に現金化する必要がある人が増えるからと考えられます。このような場合は絶好の買い場と言えそうです。

また、超低位株の場合は、1ティックの割合が株価に対して大きくなるので、TOB価格より1ティック下で買うことができれば、

数％得られます。これを確実に買うにはちょっとしたノウハウが必要です。これには裏技的手法がいろいろあるようです。証券会社によって違う優先ルールを把握し発注方法を工夫するなどして、朝一どれだけ早く板にのせられるかが鍵でしょう。

買った株式は、放っておけば勝手に手続きが進められて、上場廃止後に、証券会社から振り出された旨の通知、特別株主総会の案内、その結果などの書類が次々送られてきます。上場廃止から数カ月すると、現金が振り込まれるか、郵便局で現金と引き換える証書が送られてきて終了します。もちろん、持っていた株をTOBに応募しなかった場合も同じです。

スクイーズアウトは TOBとは違い不成立によるリスクはありません。TOB後の株を買って金銭交付を待つというのは、あまりに単純でローリスク・ローリターンで面白味はないかもしれませんが超低金利時代の今にあっては、寝かせておく資金があるなら活用しても面白いのではないでしょうか。

原則スクイーズアウトの買い取り金額は、TOBと同一であると前述しました。実際には、裁判所の許可を得て金額決定がなされますので、理屈の上では金額が変わることもあり得る訳です。現実として、スクイーズアウトの金額がTOBよりも下がることはありません。実際にいままでそのような例はありませんでした。公開買付説明書の中には、まるで TOB価格よりも下がる可能性があるような書き方をしている例もありますが、TOB応募を促すための方策かもしれません。

MBOは、毎年コンスタントにあります。これは上場廃止して非

公開会社にしたほうがメリットがあると考える経営者が一定数いるからと考えられます。しかし株式公開をして資金を株式市場から集めて、さらに増資などで資金調達した後に、非上場の方がメリットがあるからと非公開化の上、株主を追い出すのはいかがなものかとも思えます。事実2011年2月には、東証の社長が記者の質問に答える形で苦言を述べています。曰く、「最近MBOを実施した企業のほとんどが、株式公開価格よりも低い価格で TOBを行っている。上場時には投資家に高い金を出させておきながら、株価が下がった後に、株主がうるさいから上場を廃止するなどという行為は投資家を愚弄するものだ」。

　東証の社長がここまで言うくらい、不誠実なMBOが多いということでしょう。実際、PBRを下回るTOB価格での MBOも見られます。上場時に高い公開価格で金を集めて、買い戻す時には純資産以下で買い戻すというのは、あまりに酷いと言えるでしょう。さらに極端な例では上場後1年未満でのMBOもありました。

　さて、TOB価格に納得がいかない場合、救済措置はないのでしょうか。ややハードルが高くなりますが、訴訟に持ち込むという方法があります。会社法では、(1)「株式買取請求権」(会社法116条)の行使、(2)「価格決定申立権」(会社法172条)の行使、の2つが認められています。実際に後者の申し立てで訴訟を行って、TOB価格を上回る価格での決定を勝ち取った例もあります。このあたりを研究してみたい方には、ぜひ『TOB阻止完全対策マニュアル』(財界展望新社)、『個人投資家の逆襲』(Kindle版)の2冊を読むことをお薦めします。自分で裁判を起こさなくても、参加者を募ってい

図表4-11　アコーディアゴルフTOB発表後のチャート

る人の名簿に加えてもらうことによって、裁判に参加するという方法もあるようです。過去には裁判によってTOB価格よりも高い買い取りに成功した事例もあります。

TOBが不成立になるケース

　多くのTOBは無事成立して買い取りが行われるのですが、まれに不成立になるケースがあります。2012年11月から2013年1月にアコーディアゴルフ（2131）に対して、同業者であるPGMホールディングス（2466）が仕掛けたTOBが不成立に終わっています。こ

のケースでは、仕掛けられたアコーディアゴルフは、TOBに反対しており、明確な「敵対的公開買付け」でした。

　当時のアコーディアゴルフは、TOB開始後、阻止するためにいろいろな手を打ちます。既存株主に対して、応募しないように呼びかけるのはもちろん、配当を大幅に上げるなどの対策を打ち出します（**図表4-11参照**）。

　ここで、株主に応募させないようにする対策は、「応募しない方が利益になるように仕向けること」につきます。例えば、さきほどの配当を大幅に上げるのも一つの方法です。同社の決算は3月ですので、TOBに応募すると配当はもらえません。直接的には、株価をTOB価格よりも上げてしまえば、わざわざ、損してまで応募する人は理論上いなくなります。

　今回は実際にTOB価格（81,000円）よりも株価が上がってしまいました。TOB期間が終了した後もTOB価格を上回って株価は推移しています。これには旧村上ファンドの流れをくむファンド「レノ」が急にアコーディアゴルフの大株主になったことも影響したようです。このケースのように敵対的なTOBの場合、たとえ不成立に終わっても、市場価格がTOB価格を上回っていたり、TOB価格が引き上げられたり、別の買付け者が出てくるなど、株の保有者にとって不利になることはあまりありません。

　しかし、次のようなケースは問題になります。2009年2月19日、適時開示情報に佐藤食品工業（2814）へのTOBが発表されました。買付け価格は2,121円。このTOBでは、会社側が賛成しており、かつ上限を定めず買付けを行う典型的なMBOで、通常不成立になる

図表4-12　佐藤食品工業TOB発表後のチャート

可能性はほとんどないものです。

　ところが事件が起こりました。2月23日に佐藤食品工業の親会社であるSFGC（旧商工ファンド）が民事再生手続きにはいったのです。24日未明には、適時開示情報が出て、大株主のTOB応募ができなくなり不成立になる可能性について触れています。

　しかしなぜか24日は、ストップ高の同時引けで25日から連続ストップ安になっています。つまりTOBに応募する予定の投資家は24日未明の開示情報をみて不成立のリスクが大きくなったことを知った上で24日に売り注文を出していれば、前日比ストップ高で売り逃げができたはずです（**図表4-12参照**）。

翌25日からは３日連続ストップ安で結局TOB発表前よりも下がってしまいました。この佐藤食品工業の例は、かなり珍しいケースだと思いますが、合併やMBOがらみで不成立があると、これを見越したイベントドリブンのトレードが大きな損失を受ける可能性があります。アメリカの例ですと、合併が発表された後に政府によって市場独占だと解されると合併が不成立になるケースがままあるようです。

TOBは事前に予測できるのか

　ここまで述べてきたように、TOBを利用するトレード戦略の多くはそれほど利益幅が取れません。そのかわり比較的ローリスクであるというのが特徴ではあります。しかしもし事前にTOBを予測できれば、大きな利益が得られるのではないかと誰しも考えるでしょう。

　TOBの対象となる銘柄にはある程度の特徴があります。例えば、一時期親子上場の解消が進められてきました。メーカー系の子会社が、親会社からMBOを受けて上場廃止になるケースです。またキャッシュリッチな会社は外資系投資ファンドに狙われやすくなります。またM&Aの対象になる会社は、経済誌などによくリストアップされます。このような会社に投資してTOBを待つというのも立派な投資法ではあると思いますが、長期戦になる上に、撤退を見極めるのが難しいという難点があります。

　しかし以前には、驚くようなケースがありました。NECトーキ

ンという会社があったのですが、この会社が第三者割当増資をした際に、将来TOBを受ける可能性がある旨、適時開示情報があったのです。これに気づいた人はNECトーキンを買いまくってTOBを待ち、首尾良くその後実施されたTOBに応募することができたのです。ただしこの時はTOB価格がいくらになるのか予想が難しかったので、リスクがないわけではなかったのですが。NECトーキン以外にこのようなケースがあったのかは定かでないのですが、今後同様のことがないとも言えないのでやはり適時開示情報には注意すべきなのでしょう。

第5章

株主優待の本質

昨今、書店に行けば株主優待の本が必ず置いてあります。証券会社主催のセミナーなどでも株主優待の話はよく出てきます。株式投資をこれから始めようとするビギナー向けとしても、株を買う動機付けとして株主優待は絶好の宣伝材料なのでしょう。企業と株主の金銭的な合理性からみれば、株主優待というのは少々不合理な制度です。

　例えば、QUOカードやギフトカードの株主優待を実施している会社が多いのはみなさんご存じかと思います。1単元の株主に1,000円のQUOカードを株主優待として贈呈するのなら、単元あたり1,000円の配当を増やせば、1単元の株主の収益は同じはずです。どちらかと言えばQUOカードより現金の方が使い勝手はいいでしょう。わざわざ株主優待用としてQUOカードに自社のロゴなどを印刷して封筒に封入するというコストをかけてまで、株主優待をするのは理由があるはずです。建前で言えば、優待を通じて株主に会社を知ってもらい応援してもらおうといったところでしょうか。確かに自社製品を贈る場合や外食産業が自店で使える券を贈る場合はそうかもしれません。

　でも機械部品製造業などBtoB（主な顧客相手が個人ではなく企業という業態、顧客が個人の場合は、BtoC）の企業、例えば機械部品工業の場合は、まさか株主にベアリングを贈るわけにはいかず自社製品という選択肢がとれません。いきおい、QUOカード、ギフトカード、カタログギフトなどになります。実は機関投資家、特に海外の機関投資家からは株主優待は良く思われていないようです。というのも、株主優待のほとんどは日本国内向けになっていて海外

の投資家は蚊帳の外になっています。加えて、優待のほとんどが小口株主に有利になっています。大口株主から見れば不公平に映ります。端的には、1単元以上の株主全員に同じ優待を送るというものです。これだと、持ち株100株の株主も何十万株も株主も全く同じ品物が贈られます。鉄道会社などでよくある株数に応じて、持ち株が多いほど沢山の優待をもらえる場合でも、単元あたりの優待ということでは小口株主が有利になっています。

　先日海外の機関投資家の優待を預かっていた信託銀行の行員が、横流しをして金券ショップで換金していたという事件がありました。優待の品は破棄する予定だったらしいです。この時もこの行員の罪状は、横領ではなく脱税でした。破棄する予定のゴミは横領にはならないということでしょうか。何にせよ外国人投資家向けの優待は、信託銀行でゴミになってしまうという事実が明らかになった事件でした。

　さて、企業が優待を実施する動機に話を戻します。大きな理由の一つに株主数の確保というのがあります。特に東証二部や新興市場の企業は東証一部への昇格を狙う場合、一定株主数の確保が必要となります。この場合、株主数を増やすためによく使われる手段が株主優待の設定です。株主数を増やすのが目的ですから、個人投資家に100株ずつ所持してもらえれば良いわけで、小口株主を優遇せざるを得ないことになります。企業側から見た優待の目的はもう一つあります。それは株価の維持です。優待を実施している会社はしていない会社に比べて株価が高いというデータは、はっきりしています。学術的にも研究がされていて、論文も出ています。人気のある

株主優待銘柄のPERは軒並み高いのが現状です。特に外食産業の優待は人気が高く高PERの銘柄が多いのです。高い株価の維持は、会社にとっていくつかメリットがあります。一番大きいのはファイナンスがやりやすくなることでしょう。公募増資にしても第三者割当増資にしても、株価が高い方が有利です。同じ金額を時価総額が低い会社が増資で調達しようとすると、大量に新株を発行することになり、株価がさらに下落してしまいます。高い株価の会社が増資する場合は新株発行が少なくて済むのでインパクトも小さくて済みます。

　このように会社側の視点から株主優待を実施するメリットがあるからこそ、多くの会社で優待が行われているのでしょう。逆に、メリットがなくなれば、優待を廃止してしまう可能性があります。特に業績が悪くなると廃止することが、いままでもたくさんありました。この時の廃止の理由に「株主間の不公平」という事柄が挙げられたりします。不公平なのは優待を実施する前からわかっていたことですから、後付けの理由なのがバレバレです。それでも何がしかの理由を付けたいのでしょうか。株主優待の廃止は、配当金の決定と異なり株主総会の決議なしで実施されますから、会社にとってはハードルが低いのです。従って、意外に株主優待の廃止は少なくないのです。

　今は空前の優待ブームですが、将来に起こるであろう景気後退の場面では、業績悪化に伴って優待廃止をする会社が出てくるでしょう。優待銘柄をホールドする場合、リスクのひとつとして頭の隅に置くべきではないでしょうか。

株主優待取るべきか取らざるべきか

　さて、株主優待をイベントとして捉えた場合、原則として優待人気の値上がりを利用して優待は取らない（優待品をもらわない）手法がメインになると思います。具体的には優待の権利日の数カ月前から買って、権利日までに売るという手法です。この場合権利日の大引けには株を持っていないため優待品は手に入りません。

　ではなぜ権利を取らない方がよいのでしょうか。通常権利日をまたぐと、翌日には権利落ちが発生します。株主優待のない配当だけの銘柄であるなら、大抵配当分程度の権利落ちで収まるのですが、株主優待のある銘柄の場合、配当分と優待分の値下がりが伴います。おおむね人気があり価値が大きい優待ほどその分権利落ちが激しくなります。権利落ちが優待品の価値に配当を足した数字よりも大きくなることも、しばしばあります。優待を普通に取った場合、この値下がりを避けることはできません。したがって純粋に金銭の利益だけを考えた場合、優待は取らないほうが合理的な行動ということになります。

　どうしても権利落ちを防いだ上で優待を取りたい場合には、クロスという方法があります。これは権利日までに、現物株と同数の信用売りをすることで、権利落ち分を相殺することができます。権利取得後に現渡しをすれば終了です。しかし制度信用で信用売りをした場合、日証金の貸し株が不足すれば、逆日歩を払わなくてはなりません。これは現物株を貸してくれる投資家に払う一種のレンタル料です。この逆日歩は信用売りをした時点ではいくらになるかわか

りません。翌日、日証金で足りない貸株の入札が行われ逆日歩が決定します。逆日歩の料率は大体11時頃に日証金のサイトにて発表されます。逆日歩が高額になると優待の商品よりも多額の金銭を払う羽目になることもあり、ネットでも話題になります。株主優待を取る目的で高額逆日歩を食らった人が、自虐的に「〇万円の高級そばをゲットしたぜ」などと書き込んであったりします。

　逆日歩を避ける完全な方法というのはありませんが、高額の料率になりやすい銘柄の傾向というのはあるので、そんな銘柄のクロスを避けることはある程度できます。高額逆日歩が顕著なのは、地方銘柄や新興市場銘柄です。これは、株を貸してくれる機関投資家がこれらの銘柄をあまり所有していないため、株不足が起きやすいからと考えられます。また毎回のように高額逆日歩がつく常連銘柄が存在しますので、過去の株主優待の権利日についた逆日歩は、チェックしておいたほうが無難です。

　さてネット証券会社の中には、一般信用で売りができるところもあります。これを利用すれば、制度信用の売りのような逆日歩はかかりません。また貸借銘柄ではない銘柄でも一部の銘柄は、一般信用にて売ることができるので、非貸借の優待銘柄でクロスが可能です。ただし、一般信用の売りは、制度信用よりも貸株料が高額になります。また、証券会社が持っている銘柄しか売ることができないため、人気優待銘柄は、早くから品切れになっています。ですので権利日が近づいた時には売ることができない場合が多いのです。人気優待銘柄を取り続けるために一般信用でのクロスを何年も維持している人もいます。これだとノーリスクで優待は取れますが、貸株

料は相当払わなければならないはずです。

株主優待品で人気に差がつく

　株主優待の品には人気があるものと、それほど人気がないものがあります。人気の差は、そのまま株価の上昇の度合いとなって現れます。従って、どの優待品に人気があるのかを予め調べておくことが、このイベントで利益を生むための鍵となります。まずは、外食産業の優待券は人気が高いです。コロワイド、壱番屋、テンアライドなどは定番です。この分野の銘柄は制度信用でクロスする場合には逆日歩が高くなりやすいのも特徴です。家族で楽しめるテーマパークの優待入場券も人気です。オリエンタルランド、サンリオなどです。食品会社の自社製品も人気が高いようです。カゴメ、日清食品など多数あります。手に入れにくい地元の特産品を優待品にしている会社も人気です。

　逆に人気がないのは、使う機会の少ない商品の割引券や優待販売です。こうして人気のありそうな優待を実施している会社を絞り込んだら、過去の値動きを見ていきます。おおむね１～２カ月前あたりから権利日に向かって上がることが多いのですが、銘柄によってかなりクセがあります。このイベントに関しては、多くの銘柄を定量的に分析するのではなく、銘柄を個別に調べた方が良いと思います。

売買の主体は個人投資家

　イベントの背景には、株価を動かす人たちが必ず存在します。株主優待の場合はそれが個人投資家です。当たり前のことではあるのですが、個人の売買が鍵であるがために他のイベントにはない特徴があります。ひとつめは、時価総額が大きい大型株よりも中小型株のほうが優待権利日に向かって値上がりしやすいということです。これは大型株の場合、メインプレイヤーは機関投資家になるので、資金の少ない個人が優待目的に買っても、さほど株価に影響しないのです。半面、小型株は機関投資家があまり売買対象にしていないので、メインプレイヤーである個人が優待目当てに買うとすぐに株価は上がってしまうというわけです。言い換えれば小型株の株主優待銘柄が上がるか否かは、個人投資家が積極的に買うかどうかにかかっています。

　個人投資家の買いは、個人の懐具合で決まってしまいます。懐が潤っていれば、株主優待目的でどんどん買うでしょう。個人の懐具合が潤っている時、それは株がある程度長期にわたって上がっている時です。アベノミクス以降、株主優待がクローズアップされてきて、優待株が買い上げられてきたのは必然のことだったのです。基本的に相場が上げ続けているならば個人の懐は潤っていると考えられますが、実際の数字で測る方法もあります。それは信用損益率を利用する方法です。信用取引はその多くを個人投資家が利用しています。従って今現在の買い建玉の損益の数字を見れば大体、個人の損益平均と同じになるはずです。

人気優待銘柄の値動き

　それでは、実際に人気のある優待銘柄の値動きをみてみましょう。まずは、３月末および９月末が権利日のコロワイドです。コロワイドは、居酒屋を中心とした外食産業で、株主優待品は、傘下の店舗で使える株主優待カードです。このカードは清算の際にレジでタッチパネルにかざす形で支払いができるためスピーディーに清算ができます。他社の外食チェーンの株主優待ではレジに時間がかかってしまい、後ろに清算を待つ人に並ばれて、肩身の狭い思いをすることがよくあるのですが、店員さんが確認のために優待券をレジで数えるためです。もっとひどいと、店員さんがレジでの株主優待券の処理がわからずに、店長に方法を聞きに行ってしまい、時間をロスしてしまいます。コロワイドの方式ですとスマートに支払いができるので助かります。またコロワイド傘下の飲食店は都内を中心にたくさんあり、いろいろな形態の店があります。このため使い勝手が良いのも人気の理由でしょう。

　さて**図表5-1**のグラフをご覧ください。優待の権利確定日である３月、９月に向かって株価が上昇しているのがわかると思います。ただ２カ月くらい前から上昇しているケースや権利日よりかなり前から下落している場合もあります。株主優待イベントは、ほとんどの銘柄で年２回あるいは年１回しかないので、過去10年を遡って統計をとってみても、年２回の優待の場合で20回分、年１回の優待なら10回のデータになります。あまり多くのデータを集めることはできないので、例えばデータを取っても平均では50日前から買って、

図表5-1　コロワイドの優待権利前の上昇

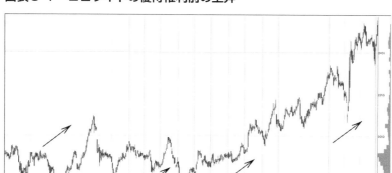

　5日前に売るのが一番有利という結果が数字上では出たとしても、実際の内容ではかなりのばらつきが出ます。したがって、権利日の2～3カ月前くらいから様子を見て、上昇が始まったら買う。そして、権利日までのどこかで売るのですが、この時も、権利日よりだいぶ前でも下がり始めたら売るのが実践的な方法になると思います。

　過去データを検証するのは大事ですし、検証なしで売買するのはもってのほかですが、株主優待イベントのように検証データが少ない場合、あまりにも過去データにこだわりすぎるよりもある程度は臨機応変に対応することが大事です。優待イベントは数あるイベントの中では、売買スパンの期間が長いので、それほど細かいタイミングにはこだわらなくてもいいのです。どちらかというと、銘柄の値動きのクセを活かした方がいいでしょう。

　次にこちらも人気株主優待のカゴメです。カゴメは6月、12月末が権利確定日でした。現在は6月のみの優待に変更されています。

図表5-2 カゴメの優待権利前の上昇

　カゴメの株主優待は自社製品であるトマトジュースやケチャップなどの詰め合わせを送ってくれます。株主向けのプレゼントがあったりと、かなり個人株主を意識した会社だと思います。**図表5-2**のグラフをみると、やはり権利確定日に向かって株価が上昇しているのがわかると思います。しかしコロワイドよりも、早くから上昇が始まっています。これもクセのひとつだと思います。また、権利月の半ばを待たずして下落している年もあります。このあたりは、やはり臨機応変に対応したいところです。

　株主優待イベントの過去データは、優待を実施している会社が多いので、やみくもに調べていては効率が悪いのです。どの銘柄の優待が人気があるのかを調べた上で、人気上位から検証していく方法をお勧めします。どの優待が人気があるのかは、月刊の投資雑誌がよく株主優待特集を組んでいるので、参考にするといいでしょう。人気がランキング表になっていれば、表の上位銘柄から調べていけ

ば効率が良いです。

　気をつけるべき点もいくつかありますので挙げていきます。まず、現在実施されている株主優待は、過去いつから実施されているのかです。歴史のある会社でも株主優待を始めたのは最近というケースもあります。これは、会社四季報のバックナンバーの巻末をみれば、検証する期間に優待があったかどうかが判断できます。

　例えば10年間のデータを調べる場合、10年前の四季報の巻末に当該銘柄が載っていれば、その10年間、株主優待を実施していたと一応判断できます。「一応」というのは、優待の実施と廃止を繰り返す会社がごくまれにあるからです。また決算期を変更する会社があります。この場合は、株主優待の権利月も変更になっています。これを調べるには四季報の決算の項目をみれば、過去の決算月が載っているのでわかります。権利日が月末でない会社にも要注意です。これは雑誌の株主優待特集にも載っていますので注意すればわかります。

　現在では、権利確定日は、受け渡し日の2日前ですが、2009年11月16日から2019年7月15日までは3日前というルールでした。さらに2009年11月15日以前は4日前で、ややこしいことに、通常の受け渡しは約定日の3日後、権利確定の場合のみ4日後というルールでした。例えば31日に株主の権利が確定する場合、株主優待を取るための最終売買日（約定日）は、2009年11月15日以前なら27日だった（**図表5-3**参照）のが、以後、28日となり（**図表5-4**参照）、2019年7月16日以降、現在では29日となります。データの検証を遡って行う際に要注意です。

図表5-3　2009年11月15日以前の権利付最終日

㉗　28　29　30　㉛

約定日　　　　受渡日
（権利付最終売買日）

図表5-4　2009年11月16日～2019年7月15日の権利付最終日

27　㉘　29　30　㉛

約定日　　　　受渡日
（権利付最終売買日）

　検証していると、いろいろなことが分かってきます。会社によっては、株主優待狙いの個人の買いで上がったところを狙って、大口投資家が売ってくるというケースも過去にはありました。このような銘柄はチェックしておいて、狙う銘柄からは外しておいたほうが無難です。

　最近の株主優待実施企業の動向をみますと、長期株主を優遇する傾向にあります。長期間保有してもらえる安定した株主を増やそうということでしょう。例えば、同じ株数を保有していたとしても、1年以上保有している株主に対しては、贈呈の数量を増やしたり、ランクアップしたりといった具合です。さらには、最低1年以上保有していなければ、株主優待はもらえないという会社も増えてきました。

このような銘柄の場合、権利日に向かっての上げは穏やかになるか、はっきりした上昇はなくなるかもしれません。長期保有するなら別段権利日近くで株を買う必要はないからです。今後はこのような銘柄が増えてくることが予想されます。株主優待の制度変更には常に注意しなければなりません。ほとんどの場合、適時開示情報に掲載されます。

　またこのこととは別に、以前にくらべて、上昇の開始が早くなっているように感じます。昔は権利日1カ月前あたりから急に上昇していたのが、2～3カ月前から上昇している感じです。株主優待がテレビや雑誌などで紹介されて興味を持つ人が増えたのと何か関係があるのかもしれません。投資雑誌などで紹介されている優待の品を見ていると、どうしても欲しくなるかもしれません。

　そんな時は上昇狙いとは別勘定で優待を取ってみてもいいと思います。株主になると優待とは別に、役員との懇親会やパーティ、見学会などに参加できる特典もあります。また株主総会に参加できます。株主になることで金銭だけではない目に見えないメリットがあるのもまた確かなのです。家族に対して株式投資のメリットをアピールしておくには、良い機会でもあります。

株主優待の新設

　先に述べたように株主優待は、個人株主を増やすカンフル剤としてもよく使われます。特に東証一部への市場変更を狙っている会社にとっては、株主数の確保は必須条件であるため、個人株主増加の

切り札として使われる場合もあるようです。それでは株主優待の新設があった場合、どのような反応が起こるのでしょうか。近年、個人投資家に株主優待が注目されていることを受けて、今まで株主優待を実施していなかった会社も、株主優待を始めるケースが多く、毎月のように優待新設の発表があります。これを定量的に分析してもいいのですが、実際に中身を見てみると優待内容で随分株価への反応が異なるようです。これは欲しいなと思わせるような魅力のある優待の新設の場合は、優待実施の発表後、株価はどんどん上がっていきます。しかし他社とくらべて別段特色がない優待、例えばクオカードやギフト券などの場合、発表後上がっても長続きせず、数日後には下げに転じてしまうケースが多いのです。

　魅力のある優待新設のケースで、2018年3月19日に優待の発表をした魚力（7596）のチャートを**図表5-5**に挙げます。チャートの矢印が発表のあった日で、以降の例でも同様です。一部の例外を除いて、通常は大引け後に発表されます。魚力は今回が優待新設ではなく、過去に優待を実施していたのですが、いったん廃止してからの実施です。今回の優待も過去に実施していた優待と同じく、海産物です。自社製品を株主優待に使うという本来あるべきであろう優待品で非常に人気が高かった優待の一つでした。そんな優待の再開で、再び注目を集めたのでしょう。海産物やフルーツなどの食品は、優待の中でも欲しいと感じる人が多いようです。発表翌日の3月20日の株価は、窓を開けて大きく上昇し、その後もじりじり上がっていきました。

　次にそれほど魅力的ではないと思われる優待品を新設したケ

図表5-5　魚力(7596)の株主優待新設（再開）発表後のチャート

ースを挙げます。2016年5月10日に、ムゲンエステート（3299）が、QUOカードの贈呈を株主優待として新設すると発表しました。QUOカードは、優待品としては非常に多くの会社で実施されており、実用的ではありますが、魅力的とは言えないもののひとつでしょう。**図表5-6**は、優待新設発表後のチャートです。発表翌日に、大きく上げますが、寄付きが天井になってしまい、そこから下げ続けるというパターンになっています。

　このケースではやや極端ですが、優待の新設を追いかけていくと、発表後数日間は上がっても、その後下げに転じてしまうケースは多いです。魚力のような優待後のチャートの動きは、むしろレアケースと言っても良いでしょう。

図表5-6 ムゲンエステート(3299) 優待新設発表後のチャート

株主優待の廃止および改悪

　株主優待は、永続的に続くという補償はありません。比較的頻繁に内容が変更されますし、優待自体が廃止されることもあります。株主優待が廃止された場合、優待目的で保有していた個人投資家は、他に保持する理由がない限り売却するでしょう。当然のことながら株価は下がることになります。
　それでは株主優待廃止の例を挙げます。エリアクエスト(8921)は、2018年8月10日、株主優待廃止を廃止する旨の発表をしました。**図表5-7**は優待廃止発表前後のチャートです。優待廃止の発表は8月

図表5-7　エリアクエスト(8921) 優待新設発表後のチャート

　10日の前場と後場の合間に行われたため、8月10日は大陰線をつけています。通常株主優待関係の発表は、大引け後に行われます。しかし、このケースでは発表者側の意図はわかりませんが、日中にアナウンスがあったレアケースです。発表翌日以後も戻りは弱くしばらくはじりじりと下げています。
　エリアクエストの場合は、配当の増配も同時に発表しているのですが、優待の廃止のほうがインパクトは大きかったと言えます。エリアクエストは、株主優待の新設を発表して、まだ最初の優待を実施していない段階（優待自体は実施）での優待廃止で、個人投資家の失望も大きかったのでしょう。
　株主優待が株価に与える影響については、学術的な論文も複数発

表されており、例えば『証券アナリストジャーナル』の2017年10月号には「株主優待が株価にもたらす独自効果」というタイトルの論文が載っています。これによれば、「株主優待の廃止と増配を同時発表しても、負の累積超過リターンがみられた。」とあり、正に今回のケースのような事例です。

　株主優待の内容が変更されることは頻繁にあり、最近ですと毎月数十件もの内容変更のアナウンスがあります。この中には優待をもらうために必要な株数を変更したり、長期保持している株主に対して優遇する変更を行うなどの内容が多いのですが、中には明らかに改悪されている場合があります。例えば、今まで2,000円のQUOカードがもらえていたのに、1,000円分に変更されるとか、半期に1度もらえていたものが、年1回になってしまう。あるいは年中使えていた食事券が、平日のみの限定になってしまう、といったケースもありました。

　これらの場合、多少なりとも株価を下げる影響があるのですが、次のようなケースは、明らかに、株価を下げる要因になりました。2016年12月12日、日本和装（2499）が、株主優待を変更する発表を行いました。従来はQUOカード、VJAギフトカードがもらえていたのですが。きものメンテナンス券に変更されたのです。きものを持っていない株主からすると使えない優待券になってしまい、実質的には優待廃止に近いと言えます。

　図表5-8は、日本和装の優待変更前後のチャートです。発表翌日、大きく下げて、その後、多少のリバウンドはありますが下げています。ちなみにこの変更と同時に、増配のアナウンスもあったのです

図表5-8　日本和装(2499)の優待変更後のチャート

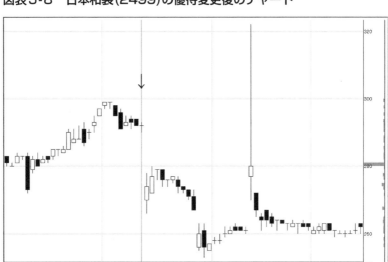

が、このケースでも優待内容の変更のほうがはるかにインパクトが強かったのでしょう。

第6章
新規公開株イベントでの売買

私が新規公開株（IPO）をイベントとして認識したのは、友人のトレーダーの一言でした。「IPOって、それ自体がイベントだよね」というセリフでした。考えてみれば、上場企業にとってIPOというのは、上場のスタートという大きな節目ですし、投資家側から見ても、上場前のデータしかない状態での売買ですから、定量的に分析すれば一定の傾向があるのではないかと考えたわけです。一般的にIPOに投資するということは、上場前の公開価格で株を入手して、上場後に売却するという意味で使うことが多いと思います。実際、近年では、公開価格よりも、上場後初値のほうが高くなるケースが多いです。人気銘柄の場合は、初値が公募価格の2、3倍になることもあります。

　一般の投資家にとってIPO株を公開価格で買う権利を割り当ててもらうということ自体が非常に困難です。ネット証券会社で抽選に当たるか、IPOを取り扱っている証券会社の支店で割り当ててもらうかのいずれかになります。前者は運だけです。

　しかしある程度の工夫の余地はあります。たとえばポイント制で確率を上げることができる会社があります。また家族に頼んで家族名義の口座を開いて応募すれば、人数分当選確率は上がります。証券会社の支店に頼む方法は、支店の裁量で割り当てられますから、普段からネット証券会社メインで売買している人にはハードルが高そうです。ここでやみくもに応募してしまうと、初値が公募価格を下回る「ハズレ銘柄」を引いてしまうことがままあります。そんな銘柄に限って公募に当たることが多いのです。需要がないために初値が上がらないのですから、公募でも当たりやすいのは当然です。

今から取り上げるファクターのいくつかは、公募と初値の関係をはっきり示しています。ぜひ参考にして、ハズレ銘柄に応募しないよう注意してください。

　イベントとしてのIPO銘柄の売買は、IPOの公募に応募するほか、セカンダリーの売買があります。セカンダリー売買とは、上場初値以降、市場による売買を指します。つまり、公募でIPO株を公開価格で市場放出した後、上場してからの売買がセカンダリーになります。IPOを公開価格で買えたとしても、人気のある銘柄であれば数量は最低単元になるケースが多いでしょう。しかしセカンダリーならば、資金さえあればいくらでも買えるわけです。

　ここでは、2014〜2016年の3年間に新規公開された銘柄のデータを使って、IPO株の初値までのさまざまなデータが、その後のセカンダリーにどう影響を及ぼしたのかを分析します。この間のIPO銘柄数は272で、東証マザーズ、ジャスダックはもちろん、REIT、地方取引所上場分も含んでいます。

公開価格からの初値騰落率

　前述したようにIPO株を公募で買いたい場合に、当選すれば、上場前の公開価格で購入することができます。それに対して、上場後、初の寄付き価格を初値と呼んできます。公開価格と初値との関係を調べて、それが初値以降、どのように影響していくのかを調べてみました。ここでは、初値騰落率という数字を使います。初値騰落率は、次の式で導き出されます。

図表6-1　初値騰落率別 初値から245営業日（約1年）後までの変動

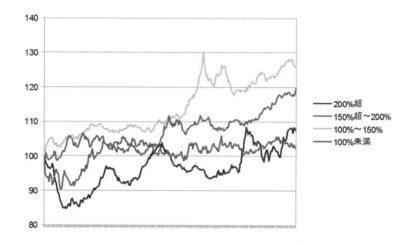

初値騰落率（％）＝初値÷公募価格×100

　例えばもし公募価格が3,000円だったとして、初値が6,000円なら初値騰落率は200％ということになります。**図表6-1**は、初値から245営業日（約1年）後までの初値騰落率別の折れ線グラフです。初値を100として指数化しています。1年後の数字を見ると、最も値上がりしたのが、初値騰落率100％から150％の銘柄群です。これに対して最も成績が悪いのは、150％超〜200％の銘柄群です。続いて悪いのが200％超の銘柄群です。このグループは、上場後3カ月以内の短期でみると最も成績の悪い集団になります。

　次に、初値騰落率と、上場後21営業日（約1カ月）の関係を**図表**

図表6-2　初値騰落率と上場後21営業日（約1カ月）の関係

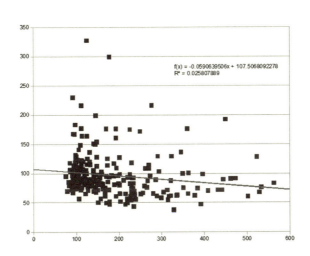

6-2の散布図で見ていきます。縦軸（Y軸）が、初値を100とした21営業日後の騰落率です。横軸（X軸）が初値騰落率です。点の一つ一つが上場銘柄の数値で、点の間を通っている横線が、近似曲線と呼ばれているものです。図の近似曲線は右肩下がりになっています。これは、初値が高いほど、21営業日後の騰落率が低いことを表しており、先の折れ線グラフの傾向とも一致します。グラフ中の数式にR^2（アールスクエア）という値があります。これは決定係数と呼ばれており、どれくらいの説明ができているのかを表しています。数字が大きいほど説明力があるとみなされます。このグラフで言えば、初値騰落率で21日後騰落率をどの程度説明できるか、言い換えれば、21日後騰落率に初値騰落率がどの程度影響しているかを表し

図表6-3　初値騰落率と上場後245営業日（約1年）の関係

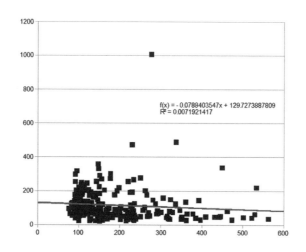

ます。

　もうひとつ**図表6-3**は初値騰落率と上場後245営業日（約1年）の関係を散布図にしています。R^2の値は21営業日のものよりも小さくなっていますが、近似曲線は依然として右肩下がりで、初値が高いほど成績が悪いことを表しています。

　結論としては上場後初値が公開価格に対して高いほど、その後の株価は上昇しない、ということになります。これは上場の際の過熱がその後のセカンダリーに悪影響を及ぼしていると考えられます。しかも短期だけでなく、1年後でも未だその影響が残っているというのは、意外な結果でした。IPOの際の人気銘柄は、セカンダリー売買では避けるべき銘柄で、セカンダリー売買としてIPO銘柄を購

入するなら、初値騰落率が低い方がその後上昇しやすいというわけです。

公募売出総数

　株式を公開するときの総数で、公募と売出を足したものになります。公募と売出の違いは後述するとして、この数字はIPO投資家の間では、非常に重要視されています。というのも公開株数が少なければ少ないほど、公募価格で買える人は少なくなります。その結果上場初値も上がりやすくなるというわけで、この数字は需給に直接の影響を与えそうです。まずは、公募売出総数と初値の関係から見ていきましょう。**図表6-4**の散布図では、縦軸（Y軸）が、初値騰落率、横軸（X軸）公募売出総数です。このグラフでは横軸は対数目盛になっています。従って近似曲線がグラフ上では曲がって見えますが、実際には（対数目盛でなければ）直線になります。この近似曲線が右肩下がりになっていますので、公募売出総数が少ないほど、初値は上がるということです。これでIPOを公募で申し込みをするときの基準として公募売出総数は要チェックということになります。

　ここからがセカンダリー売買の話です。**図表6-5**は、公募売出総数でグループ分けし、初値を100とした245営業日（約1年）後までの折れ線グラフです。公募売出総数が1,000万株を超える大型IPOはやはりパフォーマンスがよくありません。245日後（グラフ右端）では、最もパフォーマンスが悪いグループとなっています。

図表6-4　初値騰落率と公募売出総数

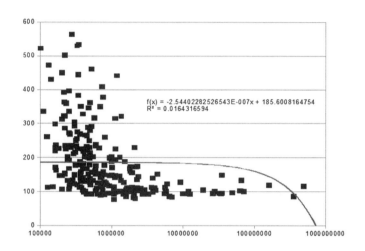

図表6-5　初値を100とした245営業日（約1年）後までの変動

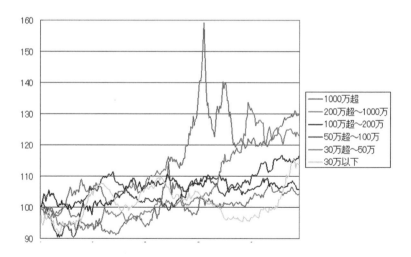

図表6-6　公募売出245日後の騰落率

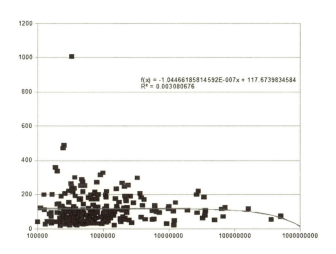

　公募売出総数が最も少ない30万株以下の成績もさほど良くはありません。**図表6-6**に245日後騰落率の散布図を載せます。一応公募売出総数が少ないほどパフォーマンスが良いのですが、初値のときほど顕著ではありません。R^2の数字も1桁小さくなっています。

売出比率

　IPOの公募売出総数は、新たに株式を発行する「公募」と、IPO前の既存株主の株式を放出する「売出」の総数でした。公募売出総数のうち「売出」の占める割合を売出比率と呼んでいます。売出が0の場合から、すべてが売出である100までで示されます。売出は、

図表6-7　公開価格からの初値騰落率

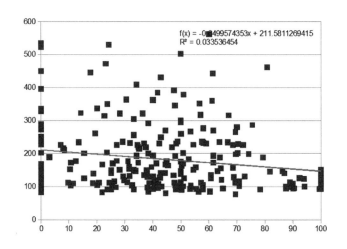

　既存株主が上場前に放出するということなので、売出が多いIPOを避ける投資家もいるようです。しかし極端な例ですが日本郵政のような政府放出のIPOの場合、すべての株式が売出扱いになるため売出比率が100となります。一概に売出が需給に悪影響を及ぼすとは限らないので、必ずしも売出比率が低ければいいというものではありません。
　ここでも公開価格からの初値騰落率を散布図でみていきます。**図表6-7**では、近似曲線があきらかに右下がりになっており、売出比率が低いほど、初値が上がる傾向があります。売出比率もまた、IPO応募の参考になりそうです。次に、**図表6-8**に245日後騰落率の散布図を載せます。このファクターでも売出比率が少ないほどパ

図表6-8　公募売出245日後の騰落率

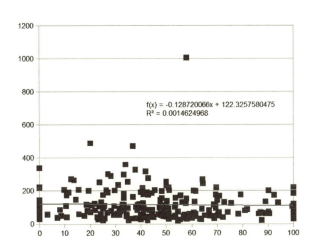

フォーマンスが良いのですが、初値のときほど顕著ではないです。

ベンチャーキャピタルの影響

　ベンチャーキャピタルとは、未上場の会社に出資するファンドのことです。出資した会社が上場すると、ベンチャーキャピタルは、そのまま大株主として投資を続ける場合もありますが、絶好の資金回収の機会でもあるため早晩株式売却に動くことが多くあります。このため、ベンチャーキャピタルの売り圧力を警戒する投資家も多く、IPO後に、株価の急落があると、ベンチャーキャピタルの売りが囁かれたりします。

それではこのベンチャーキャピタルが新規公開会社に出資しているか否かをどうやって調べればよいのでしょうか。

　IPOの際には必ず目論見書という冊子が作成されます。IPOに応募したことがある方なら、応募の際、この冊子が送られてきますので目にしたことがあるはずです。かなり分厚い冊子で端から端まで読むのは大変で、かさばるのですぐに捨ててしまう方もいるかもしれません。近年ではPDFによるインターネットでの配布も一般的になってきました。

　この目論見書の記載の中に「株主の状況」というのが必ずあります。ここを見ると上場前の株主が載っています。その中からベンチャーキャピタルを探し出せば良いわけです。最初は、どれがベンチャーキャピタルなのかわかりにくいかもしれません。国内のベンチャーキャピタルでしたら〇〇投資事業組合とか〇〇キャピタルなどの名前が多く、銀行系のベンチャーキャピタルなら親会社の銀行名が名前のどこかに付いている会社が多いです。分からなければ、ネットで検索をかければ多くの場合ヒットします。

　図表6-9は目論見書の「株主の状況」の実例です。このように株主の多い順番に表になっています。この中で下線を引いた株主がベンチャーキャピタルです。目論見書からこのような形でベンチャーキャピタルの持株数を割り出して、公募売出総数で割って100を掛けた数字を、仮に「ベンチャーキャピタル持株率」として分析してみました。

　初値騰落率との散布図を**図表6-10**に載せます。ベンチャーキャピタル持株率が低いほど初値が高い傾向が一応はあるのですが、R^2

図表6-9　目論見書「株主の状況」の実例

氏名又は名称	住所	所有株式数(株)	株式総数に対する所有株式数の割合(%)
株式会社キャピタルメディカ（注）1．2．	東京都港区虎ノ門1-2-3	1,700,000	77.33
株式会社シンシア（注）10．	東京都中央区日本橋箱崎町30-1	111,000	5.05
中村　研（注）2．3．5．	東京都三鷹市	83,000 (80,000)	3.78 (3.64)
みずほ成長支援投資事業有限責任組合（注）2．	東京都千代田区内幸町1-2-1	42,000	1.91
かながわ成長企業支援投資事業組合（注）2．	神奈川県横浜市西区みなとみらい3-1-1	42,000	1.91
オリックス株式会社（注）2．	東京都港区浜松町2-4-1	42,000	1.91
清水　康久（注）4．5．	東京都八王子市	24,000 (24,000)	1.10 (1.10)
SBIベンチャー企業成長支援3号投資事業有限責任組合（注）2．	東京都港区六本木1-6-1	19,000	0.86
長嶺　英昌（注）6．	埼玉県さいたま市南区	16,000 (16,000)	0.73 (0.73)
飯島　彰（注）5．	東京都中央区	16,000 (16,000)	0.73 (0.73)
SBIベンチャー企業成長支援4号投資事業有限責任組合（注）2．	東京都港区六本木1-6-1	13,800	0.63
SBIアドバンスト・テクノロジー1号投資事業有限責任組合（注）2．	東京都港区六本木1-6-1	10,500	0.48
SBIベンチャー企業成長支援2号投資事業有限責任組合（注）2．	東京都港区六本木1-6-1	9,800	0.45
SBIベンチャー企業成長支援投資事業有限責任組合（注）2．	東京都港区六本木1-6-1	6,900	0.31
荒井　慎一（注）4．5．	埼玉県上尾市	4,000 (4,000)	0.18 (0.18)
立花　隼（注）5．	埼玉県川口市	4,000 (4,000)	0.18 (0.18)
三浦　進（注）6．	兵庫県姫路市	3,500 (3,500)	0.16 (0.16)
野口　修（注）6．	東京都立川市	3,000 (3,000)	0.14 (0.14)
赤羽　一利（注）6．	東京都東村山市	3,000 (3,000)	0.14 (0.14)

の数字を見る限りさほど影響はないようです。このファクターでも245日後まで調べてみたのですが、今回調べたファクターの中で一番影響がないという結論になってしまいました。ベンチャーキャピタルには、ロックアップ期間が設けられている場合があり株の売却を制限されています。当初ロックアップを分析したかったのですが、同じIPOで複数のベンチャーキャピタルが出資しているケースでも、

図表6-10　ベンチャーキャピタル持株率

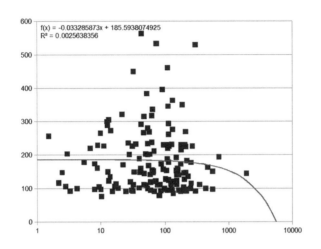

ロックアップの条件がまちまちだったりするので、定量化分析が困難でした。一口にベンチャーキャピタルといってもいろんな性質のファンドがあるので、統計的に分析することはできなくとも、ベンチャーキャピタルごとに個別に調べていけば、おもしろい結果になるかもしれません。

上場前決算の経常利益

　もうひとつ、目論見書に載っている事項から分析してみます。目論見書には、上場前の決算数字が、「主要な経営指標等の推移」と

図表6-11　目論見書「主要な経営指標等の推移」の実例

第二部【企業情報】
第1【企業の概況】
  1【主要な経営指標等の推移】
  (1) 連結経営指標等

回次		第7期	第8期
決算年月		平成26年12月	平成27年12月
売上高	(千円)	3,731,923	4,244,303
経常利益	(千円)	366,386	318,346
当期純利益	(千円)	216,291	211,804
包括利益	(千円)	527,768	62,320
純資産額	(千円)	1,613,643	1,662,953
総資産額	(千円)	3,202,151	3,015,798
1株当たり純資産額	(円)	806.82	880.24
1株当たり当期純利益金額	(円)	108.15	121.33
潜在株式調整後1株当たり当期純利益金額	(円)	―	―
自己資本比率	(％)	50.39	55.14
自己資本利益率	(％)	16.02	12.93
株価収益率	(倍)	―	―
営業活動によるキャッシュ・フロー	(千円)	△388,841	△51,727
投資活動によるキャッシュ・フロー	(千円)	627,350	119,120
財務活動によるキャッシュ・フロー	(千円)	△128,004	△22,204
現金及び現金同等物の期末残高	(千円)	802,314	838,398
従業員数 (外、平均臨時雇用者数)	(人)	39 (4)	41 (3)

(注) 1．売上高には、消費税等は含まれておりません。
　　 2．潜在株式調整後1株当たり当期純利益金額については、潜在株式は存在するものの、当社株式は非上場であるため、期中平均株価が把握できませんので記載しておりません。
　　 3．株価収益率については、当社株式は非上場であるため、記載しておりません。
　　 4．当社は、平成26年3月28日付で普通株式1株につき20株の割合で株式分割を行っており、また、平成28年9月8日付で普通株式1株につき100株の割合で株式分割を行っております。そのため、第7期の期首に当該

して載っています。ここには数期分の経営指標がありますが、上場直前の数字に着目します。通常株式投資で使うPER等の指標での利益は、「純利益」の数字が使われます。これには一時的な損益である「特別利益」「特別損失」が含まれるため、あえてそれらを含

図表6-12　上場前経常利益グループ別、初値から245日後の変動

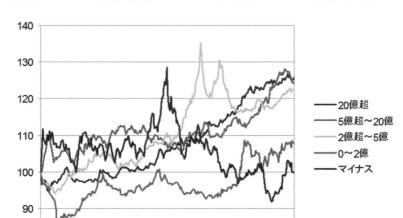

まない「経常利益」の数字に着目しました。**図表6-11**は目論見書から抜粋した表です。この会社では第8期が上場直前の決算となっています。上から2行目に経常利益が載っています。千円単位で載せている場合と百万円単位で載せている場合がありますから注意が必要です。

図表6-12は、上場前経常利益を5つのグループに分けた、初値から245日後までのグラフです。グラフ右端の245日後で見ると、経常利益が高いグループのパフォーマンスが良いことが分かります。特に経常利益が20億円を超えているグループは、堅調に右肩上がりになっているのが分かります。そして経常利益が下位のグループではパフォーマンスが悪いという特徴が出ています。上場前の経常利

図表6-13　吸収金額と初値騰落率の関係

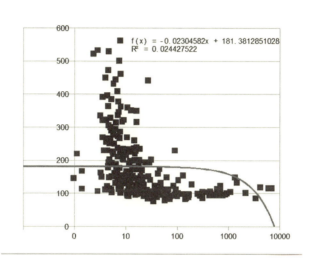

益が1年後の株価にも影響していることには少し驚きました。

吸収金額

　吸収金額というのは、公募価格に公募売出総数を掛けたもので、吸収金額が大きいほど大型のIPOであるといえます。

吸収金額（円）＝公募価格×公募売出総数
　需給で考えると、吸収金額が小さい方が、希少価値があるために引き締まる傾向があります。まずは、吸収金額と初値騰落率の関係を散布図（**図表6-13**）で見てみます。やはり吸収金額が小さいほ

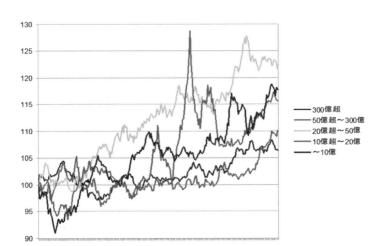

図表6-14 吸収金額グループ別 245日後までの変動

ど初値が高くなる傾向がはっきりしています。このファクターもIPOの応募の参考になるでしょう。吸収金額別にグループ分けをした245日後までのグラフ（**図表6-14**）をみても金額が多いグループのパフォーマンスはよくありません。

オファリングレシオ

　IPOを行う会社の発行株式に対する公募売出総数がどれくらいの割合になるのかを示す値がオファリングレシオです。この数値は次の式で算出されます。
オファリングレシオ（％）＝公募売出総数÷発行株式数×100

図表6-15　初値騰落率との関係

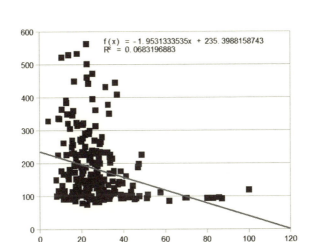

　オファリングレシオが小さいほど、全発行株式に占める浮動株が少ないことになるので、需給が引き締まります。逆にオファリングレシオが大きいと市場に放出される株が多いので流動性が増しますが、需給はゆるむと考えられます。まずは、初値騰落率との関係を散布図（**図表6-15**）で見ましょう。近似曲線がはっきりと右下がりになっています。これはオファリングレシオが低いほど、公募価格からの初値が上がる傾向があるということです。

　次にオファリングレシオの値ごとにグループ分けした折れ線グラフを**図表6-16**に載せます。ややオファリングレシオが低いグループのパフォーマンスが良いようですが、はっきりした傾向はつかめ

ません。

　図表6-17はオファリングレシオと初値から245日後騰落率の散布図です。近似曲線はほんの少し右下がりになっていますが、やはりはっきりしません。

仮条件からの価格決定

　新規公開株は公募価格を決める際に、主幹事証券会社と公開する会社によって仮条件という価格帯が提示されます。これは例えば、2,800円から3,000円という具合に金額に幅を持たせて提示されます。ここからブックビルディングが行われて、仮条件の価格帯内で公開価格が決定します。ブックビルディングで需要が高ければ、仮条件の上限で価格が決まりますし、需要がなければ、仮条件の下限で決まる場合もあります。近年は上限で決まるケースが圧倒的に多いです。

　図表6-18に仮条件からの価格決定と初値騰落率の散布図を載せます。公開価格が仮条件の上限で決まった場合は、X軸の100（％）下限で決まった場合はX軸の0（％）の位置になります。下限で決まった場合、初値が公開価格を上回った事例はなんとゼロでした。つまり仮条件の下限で決まった新規公開株を公募価格で買って、初値で売るとすべてのケースで、ゼロまたはマイナスになったわけです。実際に売る場合は手数料が必要ですから、すべてのケースで損をしたことになります。

　また仮条件の最高額と最低額の間で決まったケースも、1例を除

第6章　新規公開株イベントでの売買

図表6-16　オファリングレシオ値グループ別の変動

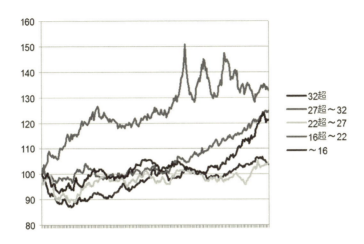

図表6-17　オファリングレシオと初値から245日後の騰落率

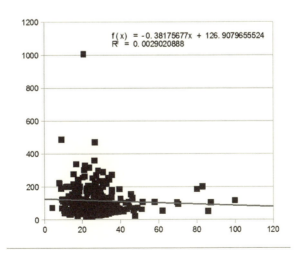

図表6-18 仮条件からの価格決定と初値騰落率

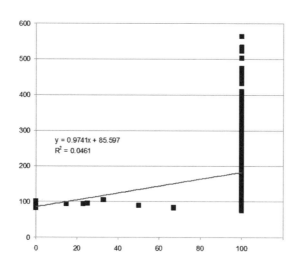

いて、公開価格を初値が上回りませんでした。仮条件で需要がなかったのですから、仕方がないのですが、実際にはこのような新規公開株は証券会社が売りさばこうと営業をかけまくることがよくあります。もし、あなたに証券会社の営業からIPOのお知らせがあったとしても、仮条件の上限で決まった株でなければ、初値が公募割れを起こす可能性が高いので断ったほうが無難です。危険なIPOのフィルターとして使うと良いと思います。

さて、初値以降のセカンダリーではどうでしょうか。**図表6-19**は初値を100として初値から約1年間のグラフです。初値から3カ月程度は、やはり最低額、中間ともに良くありません。最高額のグラフと比べれば一目瞭然です。ただし期間が長くなるほど差がなく

図表6-19　初値から約1年間の変動

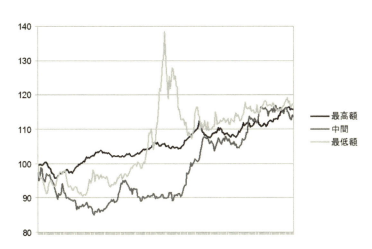

なってくるのも特徴です。公募時の需給が上場後もしばらくは影響するという良い例だと思います。

上場市場

最後に、上場市場別にIPOセカンダリー銘柄を見ていきたいと思います。**図表6-20**は、IPO銘柄を上場市場別に分けた245日後までのグラフです。上場初値を100としています。グラフをみると目立つのが東証二部銘柄です。1カ月以内の短期で見ると、パフォーマンスは良くないのですが、少し長い目で見ると、他の市場の銘柄群にくらべても際立って上昇しているのがわかります。

図表6-20　上場市場別IPO銘柄の245日後までの変動

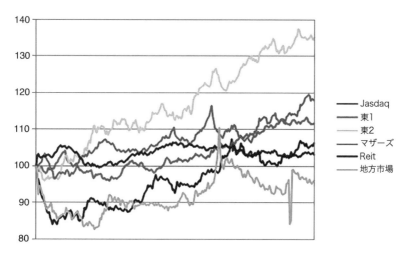

　東証二部銘柄は、IPO銘柄の中では非常に地味です。上場初値の上昇はあまり期待できない銘柄も多く、IPO投資家は、東証二部銘柄を避ける傾向すらあります。このようにIPOの際にはあまり注目されない銘柄群ですが、上場後少し経ってから、じりじりと値をあげるという傾向です。初値が高くないというのもその後の上昇には有利なのでしょう。グラフを見ると上場後1カ月くらいから買い始めるのが良いようです。

　逆に非常にパフォーマンスが悪いのが地方銘柄です。地方銘柄とは、名古屋証券取引所、札幌証券取引所、福岡証券取引所の3取引所に上場される銘柄です。名古屋は「セントレックス」、札幌は「アンビシャス」、福岡は「Q-Board（キューボード）」と、それぞれの

図表6-21　東証一部とREITの半年間の変動

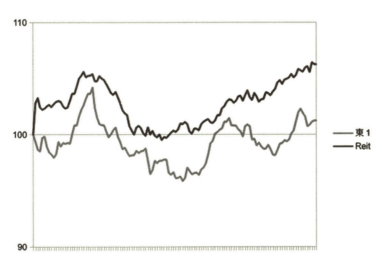

　取引所に新興市場があって、地元企業を中心に、新規公開があるのですが、セカンダリーでは全く振るいません。一つの原因としては、扱っている証券会社が少ないことだろうと思います。特にネット証券では、地方銘柄を売買できる会社が少なく、流動性に欠けるのが原因ではないでしょうか。

　市場別でもうひとつ注目したいのが、東証一部とREITです。1年間のグラフでは少しわかりにくいので、**図表6-21**に東証一部とREITを抜き出した半年間のグラフを載せます。東証一部もREITも上場後1カ月と少しのところにピークがあるのがよくわかります。東証一部銘柄はTOPIXの指数組み入れ、REITは東証REIT指数への組み入れが、この値動きの要因と思われます。TOPIX指数も東

証REIT指数も新規上場銘柄の組み入れは上場翌月末の1営業日前と決まっています。ここに向けて買われるパッシブ機関投資家の「指数買い」がこのような値動きを作ったと考えられるのです。東証一部とREITをセカンダリーで売買する場合、この「上場翌月末」までが売るための一つの目安になりそうです。

　以上9のファクターでIPOを分析しました。それぞれのファクターで、公募価格と初値との関係は、IPOを公募で応募する際に、また初値以降のグラフや、1年後の散布図はセカンダリー売買に活用できると思います。IPOでは他にも興味深いファクターがあるのですが、それは今後の研究課題としたいと思います。

第7章

その他のイベント

スポーツイベント

　オリンピックなど定期的に開催される大規模なスポーツの大会は、話題性があり時期が近づいてくるとマスコミに取り上げられる機会も多くなります。また関連する銘柄は「旬の銘柄」の扱いで材料株としてマネー雑誌などに取り上げられることも多くなります。そこでスポーツイベントがどのように株価に影響を与えているのか考察したいと思います。ただ定期的に開催されるとはいえ、サンプル数はさほど多く取れないので、統計的にはデータの裏付けが不十分です。他のイベントに比べるとやや再現性に欠けますが、それでもある程度の傾向はつかめるのではないでしょうか。

　まずは世界最大のスポーツイベントであるオリンピック（夏季）です。ご存じの通り4年に一度の開催で、2020年には東京にて開催され、同年は相当盛り上がるのではないかと思います。今回データ検証した過去のオリンピックを**図表7-1**にまとめました。

　1988年開催のソウルオリンピックから2016年開催のリオデジャネイロオリンピックまで約30年間、8回分のデータです。ミズノ（8022）は、スポーツ用品メーカーの大手です。スポーツイベントがあると、関連銘柄としてよく取り上げられています。そこでオリンピックの開催前後の同社の株価の動きをグラフにしたのが**図表7-2**です。グラフは、各大会のオリンピック開会式の翌営業日（グラフ中央付近の縦線）を100として、前後20営業日の平均です。さらに市場全体の動きを排除するために、TOPIXとの差分になっています。グラフの値動きをみると、開幕の数日前をピークに下がっています。オ

第7章　その他のイベント

図表7-1　夏季オリンピック開催日程

回数	開催都市（国名）	期間
24	ソウル（韓国）	1988年9月17日〜10月2日
25	バルセロナ（スペイン）	1992年7月25日〜8月9日
26	アトランタ（アメリカ）	1996年7月19日〜8月4日
27	シドニー（オーストラリア）	2000年9月15日〜10月1日
28	アテネ（ギリシア）	2004年8月13日〜8月29日
29	北京（中国）	2008年8月8日〜8月24日
30	ロンドン（イギリス）	2012年7月27日〜8月12日
31	リオデジャネイロ（ブラジル）	2016年8月5日〜8月21日

図表7-2　ミズノ（8022）、夏季オリンピック開催日前後の株価推移

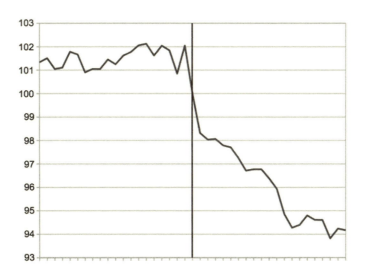

図表7-3　冬期オリンピック開催日程

回数	開催都市（国名）	期間
15	カルガリー（カナダ）	1988年2月13日〜28日
16	アルベールビル（フランス）	1992年2月8日〜23日
17	リレハンメル（ノルウェイ）	1994年2月12日〜27日
18	長野（日本）	1998年2月7日〜22日
19	ソルトレークシティ（アメリカ）	2002年2月8日〜24日
20	トリノ（イタリア）	2006年2月10日〜26日
21	バンクーバ（カナダ）	2010年2月12日〜28日
22	ソチ（ロシア）	2014年2月7日〜23日
23	平昌（韓国）	2018年2月9日〜25日

リンピック開催期間中下がり続けている形です。ほかのスポーツ用具関連メーカーもほぼ同様の動きになっていることから、オリンピックの話題性が先行してしまい、実際に開催されてからは、積極的な買いがなくなる「織り込み済み」の状態になってしまうものと考えられます。

ですのでオリンピック期待でホールドしていた株は、開催直前くらいのタイミングで売ってしまったほうが良いということになります。またより積極的には、同様のタイミングで空売りをしかけて、オリンピック終了までショートポジションを持つというのも良いトレード戦略ではないでしょうか。

次に同じオリンピックでも今度は冬季大会です。1988年のカルガリーから2018年の平昌までの9回分を**図表7-3**に一覧にしています。開催年をみると、4年毎の開催のはずですが、第16回大会と17回大

図表7-4　ミズノ、冬期オリンピック開催日前後の株価推移

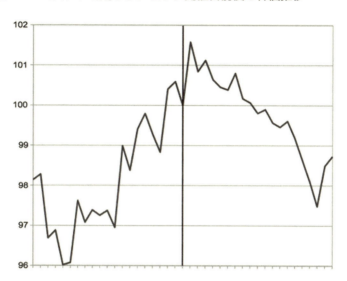

会の間が２年しか開いていません。これは、第16回大会までは、夏季オリンピックと同年に開催されていたのが、17回以降、夏季大会の中間年に開催されるようになったからです。

　ここでもミズノの値動きを見てみましょう。**図表7-4**のグラフは夏季オリンピックの時と同条件です。こちらは開会翌日をピークにきれいに山型を描いています。開催期間中はほぼ下がっているというのは夏季大会と同じです。冬季オリンピックの場合、ホールドしていた株は開催と同時に売却し、同じタイミングで空売りのトレードをするという戦略が良いようです。

　サッカーワールドカップは、オリンピック同様、世界的な巨大ス

ポーツイベントです。テレビ視聴を含む全世界の観戦者数は、オリンピックより多いと言われています。こちらも4年に一度の開催です。日本代表が初めて本戦に出場した1998年フランス大会から2018年のロシア大会を**図表7-5**にまとめました。

　ここでも関連銘柄としてミズノをグラフにしました（**図表7-6**参照）。グラフの作成方法はオリンピックと同様です。こちらは開幕後4営業日目くらいから急に上がり出し9営業日でピークをつけてあとは下がるような形になっています。9営業日目というのは、暦では大体2週間くらいになるので、ちょうど予選リーグが終わるころかと思います。サッカーワールドカップの場合も、オリンピック同様の戦略で良いかと思いますが、売りのタイミングは開催期間の真ん中あたりが良さそうです。

　以上3つのスポーツイベントを見てきましたが、どのイベントでも、開催期間は下げることが多いのが特徴のようです。この背景を考えてみます。スポーツイベントを材料としてみている投資家は、早い目から買います。そして大会が始まる頃には材料視する人はいなくなってしまうということではないでしょうか。

事件、事故の影響

　テレビ、新聞などメディアには毎日のように事件や事故のニュースが流れます。それが上場企業に原因がある場合、株価に影響を与える場合があります。そんな時の株価の動きは同じとは言えませんが、似たような動きをすることも多いものです。ここではいくつか

図表7-5　サッカーワールドカップ開催日程

開催年	開催国	期　　間
1998年	フランス	6月10日～7月12日
2002年	日本、韓国	5月31日～6月30日
2006年	ドイツ	6月9日～7月9日
2010年	南アフリカ	6月11日～7月11日
2014年	ブラジル	6月12日～7月13日
2018年	ロシア	6月14日～7月15日

図表7-6　ミズノ、サッカーワールドカップ開催日前後の株価推移

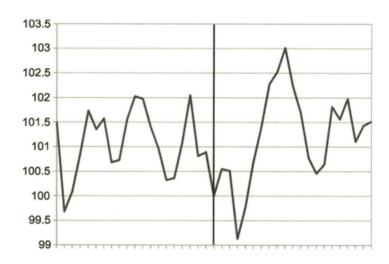

図表7-7 マルハニチロHD、農薬混入事件時のチャート

の例を挙げていきます。

農薬混入事件

　2013年末にマルハニチロHD（1334）の子会社、株式会社アクリフーズが製造した冷凍食品に農薬が混入したという事件がありました。この年の12月30日の大納会でマルハニチロHDは、窓を開けて、寄付きで大幅に下げました。しかしザラ場では戻りがあり日足では陽線をつけました（**図表7-7**参照）。上場会社で株価に影響を与える事件、事故はしばしば発生しますが、今回のように直後の寄りで

下げた後に反発するケースが多く見られます。これは、パニック的な投げ売りが殺到し、一時的に実態以上に下げるからと考えられます。名著である『魔術師リンダラリーの短期売買入門』（パンローリング）にもニュースを利用した手法が載っています。

著者のリンダ・ブラッドフォード・ラシュキ氏は、インタビューの中でニュースの内容自体よりもニュースによってマーケットがどう反応するのかが大切なのだと述べています。これは非常に重要なことだと思います。故林輝太郎先生は「ニュースに踊らされるな」とよく言っておられましたが、まさにニュースに踊らされた人達の過剰反応が利益の源泉となるのが、このニュースイベントを利用したトレードです。

東洋ゴム（5105）免震ゴムデータ改ざん事件

東洋ゴム（5105）の免震ゴムデータ改ざん事件は、大きく報道されたので覚えている方も多いと思います。2015年3月13日国土交通省が東洋ゴム工業が製造・販売したマンションや病院など大型の建物に使われる免震装置のゴム製部品について、不良品の出荷やデータ偽装があったと発表しました。これを受けて夕刻東洋ゴムが記者会見を開きました。この日は金曜日であったため、翌営業日の3月16日には、大きく下げて前日終値から500円下のストップ安で寄り付きましたが、マルハニチロHDの時と同様、その後大きくリバウンドして大きな陽線をつけました（**図表7-8参照**）。このケースでも寄付きで買えば、利益になるのですが、ストップ安気配に買いを

図表7-8　東洋ゴム、免震ゴムデータ改ざん事件時のチャート

入れるのは、相当勇気が必要です。筆者も流石に寄付きでは買えませんでした。

エフオーアイ（6253）粉飾決算とニュースの判断

　事件事故のすべてに逆張りの買いを入れれば良いのかというと、もちろんそんなことはありません。極端な場合そのまま上場廃止になることすらあります。例えば粉飾決算が問題になったエフオーアイ（6253）のようなケースです（**図表7-9参照**）。この事件では、上場審査時の粉飾が問題となり、強制捜査が入ったというニュース

図表7-9　エフオーアイ、粉飾決算事件時のチャート

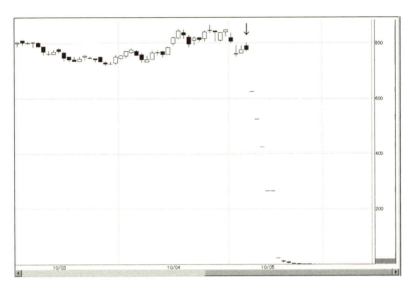

があり、2010年5月12日東証は朝から同社株の売買を停止しました。再開後もストップ安比例配分となり、わずか4,600株しか成立しませんでした。その後もストップ安比例配分が続き、5月18日には、上場廃止が決定し、整理ポストに移行。全株一致で寄り付いたのは、5月20日です。ニュース直前の株価775円は、たった13円でようやく寄り付いたのです。このケースではトレードの機会は全くありません。

　そこまで行かなくても、事件事故が業績を悪化させしばらく下げ続けることもよくあります。過去のオリンパス（7733）の粉飾決算（**図表7-10**）、東京電力（9501）の原発事故（**図表7-11**）などです。

図表7-10　オリンパス、粉飾決算事件時のチャート

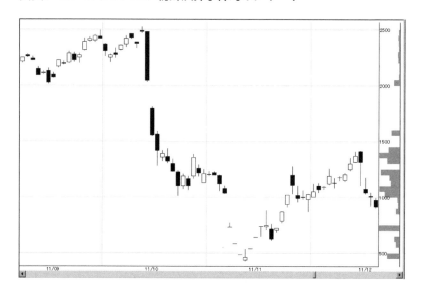

　しかし実際に売買する場合には報道の第一報をみて、判断を迫られることになり、それがどの程度会社の業績に影響を受けるのかを予測するのは困難です。それでは取引時間外に事件事故のニュースが出た場合、実際の売買はどのようにすれば良いのでしょうか。基本的には寄りで買いを入れる戦略を取ります。具体的には前日終値からある程度下値で指値しておきます。ニュースの影響が大きければ、前日終値からかなり下げたところで寄るはずです。

　この時、もしストップ安気配になり、後場になっても寄り付かないようならば、買いは取り消して翌日また様子を見ます。首尾よく指値が通れば、手仕舞は当日の大引け以降、2〜3日の間に売るの

図表7-11　東京電力、福島第一原発事故時のチャート

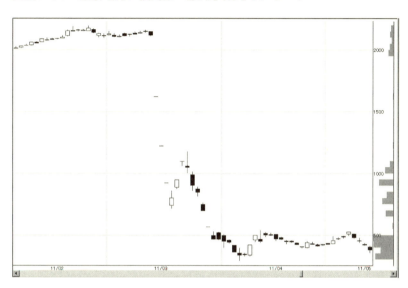

が手堅いやり方だと思います。ニュースの続報で会社への影響がより深刻だと分かれば、再び下げることがあるからです。

　この手法は、市場が開いていない時間にニュースが出た場合にのみ有効です。場中にニュースが出た場合は、突然の乱高下になります。イベントトレードとしては、マーケットの時間外に起きた事件の影響が、寄付きの反応を利用してトレードするほうが、検証しやすく単純なトレードになります。それでも、この手のイベントに対して一度に大きな金額を使うのはリスク管理上あまり良くないと考えます。また短期決戦ですので、戻りが鈍かったり、再び下落するようなら当初のシナリオが狂っているということなので、即損切り

することが必須です。

アスクル（2678）の火災の影響

　2017年2月16日朝に、埼玉県にあるアスクルの物流倉庫が火災に遭い、大きなニュースになりました。前述したように、事件事故のイベントが発生した場合は、基本的に「買い」です。今回の場合、いくつか通常とは異なる点のある事故でした。火災だけなら過去にも工場やプラントの火災があった企業に事例は多くあります。今回は、規模が大きいことと、ほぼ鎮火するまでに6日もかかったこと（完全鎮火は、出火12日後の2月28日）などが異例の事態になりました。

　そしてトレードを行う上で大きかったのは、場中の事故であったことです。株式市場が開いているのは、平日の9時から15時の6時間です。先に挙げた例のように、取引時間外、休日に起こった事故の場合、営業日の寄付きに売買が一気に集中します。その場合、リバウンドも一気に起こるので、寄付きのタイミングで買えば、比較的短期間に株価が上昇して、手仕舞えば良いのです。

　ところが今回のアスクルの場合、出火が16日の9時頃だったため、ニュースなどによって徐々に情報が拡散した結果、16日は日足で急落して大陰線を引きました（**図表7-12**のA）。翌日もギャップアップしたものの陰線になり、週明けの20日、ギャップダウン後ようやくリバウンドしました。結果を後から見れば、この日の寄付きが買いのチャンスだったわけですが、収拾のめどが立っていない中、こ

図表7-12　アスクル火災時のチャート

こで買うのは難しいでしょう。

　その後は、ほぼ鎮火のニュースが流れた22日（**図表7-12のB**）までは持ち合いが続きます。火災が鎮火していないにも関わらず、下落しないのは、悪材料の出尽くしとも見て取れます。方向性が定まらない期間が続くこのケースではトレードが困難で、今回の事例は、場中の事故で、かつ数日間継続する場合のケースのモデルとなりそうです。

気象災害

　気象は、経済活動に大小様々な影響を与えます。例えば、冷夏に

図表7-13　日本に上陸した台風の月別数

年	5月	6月	7月	8月	9月	10月	年間
2002			2			1	3
2003	1			1			2
2004		2	1	3	2	2	10
2005			1	1	1		3
2006				1	1		2
2007			1	1	1		3
2008							0
2009						1	1
2010				1	1		2
2011			1		2		3
2012		1			1		2
2013					2		2
2014			1	1		2	4
2015			2	1	1		4
2016				4	2		6
2017			1	1	1	1	4

なると、ビールや清涼飲料水の売上が下がります。暖冬だとスキー場の雪が少なくなり、ウインタースポーツ関連の業種は売上が下がります。また日本は、地震や台風などの災害が毎年発生します。気象現象の中でも、特に大きな災害が発生すると、株価にも影響を与えることがあります。ここでは、気象災害と株価変動の関連を見ていきます。

台風上陸と損保会社の株価

　例年、8月から9月は、台風が日本に接近または上陸しやすい時期です。**図表7-13**は2002年から2017年までの上陸した台風の数を月別にまとめた表です。気象庁による台風上陸の定義は、「台風の中心が北海道・本州・四国・九州の海岸に達した場合を言う」とな

っています。従って沖縄本島を横切った台風や、小さな半島をかすめた台風は、ここには入っていません。表をみると、毎年大体２〜３個の台風が上陸しているのがわかります。ただし年によるバラツキもかなりあり、2008年は上陸ゼロですが、2004年はなんと10個も上陸しています。

　台風で大きな被害があると、大きな損失を受けるのが損害保険会社です。そこで、日本最大の損保会社である、東京海上HD（8766）が台風上陸前後でどのような株価の動きをするのか検証してみたいと思います。検証期間は2002年から2017年までの16年間で、この間に上陸した台風は51個です。この中にはさほど勢力の強くない台風も含まれているので、被害を及ぼす可能性のある台風を抽出して上陸日の終値を100とした上陸日前後の平均値のグラフを作成しました。なお上陸日が営業日でない場合は前営業日を上陸日にしています。まず、台風の強さの基準として上陸時の気圧に着目しました。気圧が低ければ低いほど、強力な台風ということになります。ここでは965ヘクトパスカルを閾値にしました。

　それ以下の台風を集計したグラフを**図表7-14**に載せます。グラフのように上陸日前日あたりから下がり始めて、上陸日の２日後まで下がり続けます。しかしその後は上昇し、上陸５日後には、上陸日とほぼ同等まで株価は上がっています。テレビ等では台風の上陸前後から、台風の報道が活発になります。大きな被害の報道から、損害保険の支払いが増えるのではないかという懸念が広がります。しかしその後はリバウンドするという展開を示唆していると思います。接近してくる台風の勢力で気になるのは気圧だけではなく、最

図表7-14　東京海上HD、台風上陸前後の株価の推移（965ヘクトパスカル以下）

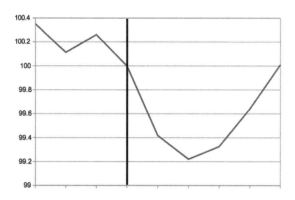

大風速も被害の懸念材料です。実際に気象庁は台風の強さの基準を最大風速で「強い、非常に強い、猛烈な」と分類しています。

　そこで上陸時の最大風速が50m以上の台風のみを抽出したのが**図表7-15**です。こちらはリバウンドが早く、上陸日から4日後には上陸日の価格を超えています。実際にトレードする場合は、上陸日から2日後くらいで買うのが良いのではないかと思います。なかなか台風の被害報道がされている中で、損害保険株を買うのは勇気がいるとは思います。しかし過去のデータは、有名な格言である「買いにくい相場は高い」を示唆しています。

大地震

　『イベントトレーディング入門』（パンローリング）は、災害やテ

図表7-15　東京海上HD、台風上陸前後の株価の推移（最大風速50m以上）

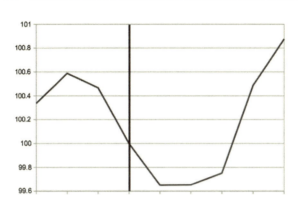

参考：気象庁、台風の統計資料（http://www.data.jma.go.jp/fcd/yoho/typhoon/statistics/index.html）

ロといった事象が、株式相場やコモディティ市場にどのような影響を及ぼすのかという考察をしている書籍です。この本は原題が「World Event Trading」で、世界中で歴史上起こった事件や自然災害が題材です。日本でいうところの「イベント投資」とはやや趣が異なりますが、ぜひ一度読まれることをお勧めします。

　さてこの本の第7章「地震と津波」では、日本の阪神淡路大震災についても書かれています。そこに影響のあったいくつかの企業のチャートが載っているのですが、地震で上昇した銘柄として三井住友建設のチャートが載っています。この本が出版されたのが2011年2月で、東日本大震災の直前でした。震災前に出版されたばかりのこの本を読んだ人も多かったと思います。そして東日本大震災が発

図表7-16　三井住友建設、阪神淡路大震災後のチャート

生。本を読んだ人の中には実際に三井住友建設を買った人もいたと思います。震災後しばらくしてから筆者は、あっと驚きました。三井住友建設の東日本大震災後のチャートが、阪神淡路大震災の時のものとそっくりだったからです。

　図表7-16の阪神大震災時と**図表7-17**の東日本大震災のものを比べてみてください。地震発生の日に矢印をつけています。地震発生から数日かけて急上昇し、その後は下がっていくというチャートの形です。震災によって公共事業の特需があるという思惑から、震災後にこのような買いが起こるのでしょう。まさに歴史は繰り返すという見本ではないでしょうか。地震を売買に利用するのは抵抗がある方も多いかもしれません。被害に遭われた方を思えば、それが

図表7-17　三井住友建設、東日本大震災後のチャート

普通の感情でしょう。実際、阪神淡路大震災の時には筆者も売買どころではありませんでした。もし天災が投資やトレードに利益を与えてくれたのなら、その一部でも被災者のための募金に回すというのも良いお金の使い方だと思います。また、そういったトレードで利益を上げたことを自慢したり吹聴しないというのも、常識ある人としての心遣いではないでしょうか。

インフルエンザの流行

　毎年冬になるとインフルエンザの流行が話題になります。すると、インフルエンザの関連株も話題になります。抗インフルエンザ薬を

図表7-18　ダイワボウHD（3107）、インフルエンザ流行時期のチャート

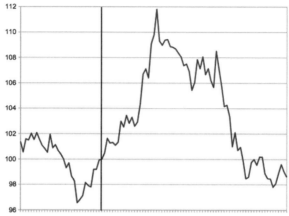

製造販売している医薬品会社など数銘柄に注目が集まりますが、マスクを製造しているダイワボウHD（3107）も関連株としてマネー雑誌に紹介される常連銘柄です。

　このダイワボウHDを12月の第一営業日を100としたグラフを**図表7-18**に載せます。縦の線が、12月の第一営業日です。データは2001年からの17年間分を使い、市場全体の影響を避けるため、TOPIXの差分としています。グラフを見ると、11月の下旬には上がり始め、ピークはちょうど大納会あたりです。その後は下がっていますので、買うなら11月の第三週あたりでしょう。売るのは大納会前後がベストかと思います。年明けからは、ほぼ下がる一方ですので、空売りを仕掛けるか、静観するかでしょう。データからはそんな戦略が成り立ちそうです。

図表7-19　日経225－TOPIXサヤの季節変動

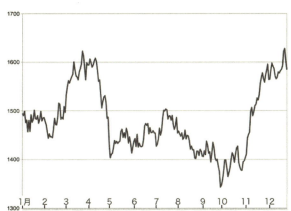

アノマリー

　アノマリーというのは、原因が分かっていないが、市場が規則的に動く現象です。因果関係がよく分かっていない値動きは本来はイベントではないのですが、アノマリーの中には強烈に作用しているものがあります。そんな中でここでは季節アノマリーを紹介します。例えばコモディティ（商品）市場には、石油や穀物などが、上場されています。このうち、農産物は収穫の時期が決まっているので、価格の季節的な変化が起こります。

　秋に収穫する穀物は、収穫後在庫が最大になります。このため秋に底値になりやすいという性質があります。需要と供給のうち、供給側の事情によって価格の季節変化が起こるわけです。また灯油は、冬になると暖房に大量に使用するため需要が最大になります。灯油

価格の季節変動は、冬に天井になりやすいわけです。コモデティ市場に比べて株式市場は一見季節に関係なさそうですが、ある程度の季節変動があることがわかっています。ここでは、その中でも非常によく機能している季節変動を紹介します。

日経225とTOPIXは、ともに日本を代表する株価指数ですが、TOPIXが東証一部全体の株価を表すのに対して、日経225は、大型株中心の指数です。この2つの価格は連動しているのですが、構成銘柄の違いからズレが生じます。よくNT倍率という言葉を使いますが、これはN（日経225平均）が、T（TOPIX）に対して何倍かという数値です。実際にこの2つの指数を売買する場合には、倍率では分かりづらいので、サヤ（価格差）を使った方が良いと思います。この時、TOPIXは日経225よりも1桁小さい指数なので、（日経225 − TOPIX × 10）という式でサヤを算出します。先物の場合、TOPIXの方が1桁倍率が大きいのでちょうど釣り合うのです。

例えば225mini 1枚は指数の100倍ですが、ミニTOPIXの1枚は指数の1,000倍です。**図表7-19**は、日経225とTOPIXの季節変動を示したグラフです。1998年から20年間のサヤの平均になっています。グラフでよく目立つのは、11月から12月の上昇です。この上昇はサヤの拡大を意味しており、TOPIXに対して、日経225がどんどん割高になっていくのがこの時期です。過去のデータをみるとここ10年では9勝1敗で勝率9割を誇っています。筆者は今から5年前くらいから、レポートやセミナーで繰り返しこのアノマリーを紹介していますが、いまだにアノマリーはなくなっていません。

このアノマリーをトレードするためには、この時期に合わせて、

日経225型のETF、例えば、日経225連動型上場投資信託（1321）を買います。それと同時に、TOPIX型のETF、例えば、TOPIX連動型上場投資信託（1306）を空売りします。これでサヤ取りのポジションができました。これを12月の下旬まで待って、同時に手仕舞いします。首尾よくサヤが拡大していれば利益が得られます。先物で実践する場合は、mini225を買って、TOPIXミニを売り建てます。またもっと大きく売買するなら、ラージの225先物を買って、同じくラージのTOPIX先物を売り建てるというポジションをとります。

　ただし先物の期近を売買する場合は、12月の第二週の金曜日、SQを挟むことになります。この時に限月の乗り換え（ロールオーバー）が必要になります。ロールオーバーで、簡単なのはSQ直前の寄付きで、手持ちの12月限を次の期近限月である3月限に乗り換えることです。買い建てている日経225先物の12月限を売り決済すると同時に日経225先物3月限を買います。また売り建てているTOPIX先物の12月限を買い決済して、TOPIX先物3月限を売り建てます。少しややこしいように感じると思いますが、寄付きで行うなら、それほどやっかいではありません。少しでも有利にとザラ場で実行しようとすると、間違いやすいのであまりお勧めできません。

　ロールオーバーを避けるには、初めから3月限を売買すれば良いのですが、中心限月ではないので建てる時の流動性が気になります。特にTOPIXミニ先物は板がスカスカで厳しいかもしれません。ETFを使ってトレードする場合、先物に比べてこちらは手軽ですが、コストが多少かかります。売買手数料に加えて、空売り時の貸し株料、それに逆日歩が発生すれば、さらにコストがかさみま

図表7-20　日経225－JPX日経400サヤの季節変動

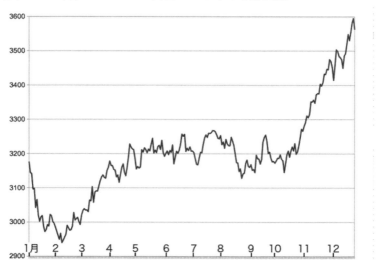

す。また買いポジションも信用取引にすると、金利がかかってきます。コストを重視するなら、売買手数料以外かからない先物のほうが有利です。

　TOPIXの代わりに、JPX日経400指数を使ってもこのアノマリーをトレードすることができます。**図表7-20**は、2007年から11年分の日経225とJPX日経400のサヤの平均です。先ほどの日経225とTOPIXのサヤグラフと同じく、11月から12月にかけて大きくサヤ拡大しているのがわかります。JPX日経400は2013年から使われている比較的新しい指数ですが、指数設定以前の分は理論値で計算しています。JPX日経400もまたETFや先物が上場されているので、TOPIXの時と同様にトレードすることが可能です。特に先物を使

う場合、JPX日経400先物は、出来高もまずまずあって流動性があり、TOPIXミニ先物よりも売買しやすいかもしれません。もちろんロールオーバーをする必要があることは、TOPIXの先物と同じです。

このアノマリーの要因は、いろいろ考えられるのですが、日経225を構成している大型株が、年末にかけて買われることが原因ではないかと思います。指数構成銘柄が大型株に偏っている日経225の方が、中小型株も指数構成銘柄に入っているTOPIXやJPX日経400よりも上がりやすいということでしょう。しかしなぜ大型株が年末に買われるのかまでは分かりません。分からないからアノマリーということです。季節に関するアノマリーは他にも数多くあるようです。それらを検証すれば、トレードに使えるアノマリーも探し出せるかもしれません。

取引制度やルールの盲点を突く

既に述べてきたようにイベントを需給の歪みととらえると、有利な売買ができます。しかしそれ以上に、取引制度や売買ルールを熟知した上で、穴を突くといういわば裏技的なトレードがあります。上手くすると非常に高い勝率で稼げる可能性もあります。

しかし穴を突く売買という性格上、当然のことながら穴を埋められてしまうと全く通用しなくなります。つまり制度やルールを変えられてしまうまでの期間限定になり、非常に短命で終わってしまう場合もあります。特にルールがブローカーや証券会社によって決められているケースでは、簡単にルール変更が可能なため、短期間で

穴が塞がれてしまいます。

　一方、取引所のルールなどの場合は、比較的長期間トレードが可能になります。しかしこのような売買法が巷に広まると、手法の寿命をさらに短くしてしまうため、ほとんど公にはならず、少数の人だけが実践してきたと思われます。ここでは過去に通用した手法を紹介します。皆さんは、もう使えなくなった方法など、知っても役に立たないと思うかもしれません。しかし、違うのです。過去の手法でも応用を利かせることで別の市場で通用したり、類似のルールには通用する可能性があります。実際にある書籍に書かれていた手法は、その本の著者が「使えなくなったから」と載せたのですが、他の市場で立派に機能していた、ということがありました。過去に通用したこれらのやり方は、特殊なトレードばかりです。ヒントはたくさん隠されています。将来に出てくる、新しい金融商品や、取引ルールの変更などに目を光らせて応用することができれば、先行者利益は大きいはずです。

市場毎の制度の違い

ケース1
　東京ガソリンと中部ガソリン（コモデティ先物市場）
　現在でも、TOCOM（東京商品取引所）にはガソリンが上場されていますがこれとは別に、中部商品取引所（現在は廃止）にもガソリンが上場されていました。しかし両者には値決め方法の違い（ザラバと板寄せ）、倍率の違いの他、制限値幅に違いがありました。

東京市場に比べて中部市場のほうが、制限値幅が小さいため、見掛け上、東京市場のほうがオーバーシュートします。

　このとき例えば、東京ガソリンが前日比で1,300円高で売買されていたとします。しかし中部ガソリンは制限値幅にかかり、前日比700円ストップ高で頭打ちになってしまいます。実際にはさらに600円高いものが、制限値幅によって価格が無理やり下げられている状態です。もし買い注文が通れば、買い玉の相当分を東京で売り立てれば、ほぼノーリスクのサヤ取りになって利益確定です。後日、制限値幅が外れてから、両市場の玉を決済すればすべて終了です。通常はこんな場合には売り物がでてこないためなかなか約定しないのですが、後で述べるように裏技がありました。同じく上場されていた灯油でもガソリンと全く同じで、東京灯油と中部灯油の制限値幅に差がありました。

　中部ガソリンと灯油にはもう一つ、取引制度を逆手に取ったやり方がありました。中部商品取引所は、板寄せ方式という値決め方法を用いていました。この板寄せ方式では制限値幅に達した場合の約定優先順位が定められており、新規玉より決済玉のほうを優先しなければならないという決まりがあったのです。これを逆手に取ると予め両建てしておいて、前述のように大きく動いて相場がストップをつけた時に、両建てしている分の片方の決済注文をすると、新規建よりも優先されるために、注文が通りやすくなるという仕掛けです。このように、各取引所の注文の優先順位のルールを詳細に知っておくと、有利に売買ができる場合があります。

ケース2
東京ゴムとゴム指数（コモデティ先物市場）

　こちらは、TOCOMのゴムと、大阪商品取引所（現大阪堂島商品取引所）に上場されていた、ゴムの派生商品であるゴム指数です。この両者も制限値幅に違いがあり、大きな変動があると、制限値幅の小さいゴム指数がついて来られないということがたびたびありました。ゴム指数というのは、世界中で取引されているゴム価格を指数化したものですが、かなりのウエイトを東京市場が占めているため、東京ゴムとの相関は非常に高くなっています。ゴム指数の動きはあたかも同じ銘柄のように連動していました。このため、ガソリンの場合と同じように、ゴム指数がストップをつけたら、注文を出しておいて、注文が通った分だけ東京ゴムにつなぐとやはり、ほぼノーリスクのサヤ取りができました。

ケース3
東証と大証（主要市場外での売買）

　少し前まで、東京証券取引所と大阪証券取引所の両方に上場されていた銘柄は相当数ありました。その多くは、大証では値段が付いていなかった（出会わなかっただけで、注文はされており常に板は出ていた）のですが、関西の企業を中心に大証のほうが出来高は多い銘柄もありました。また東証の引けは15時ですが、大証は15時10分が引けの時刻になり、同じ銘柄でも両市場の終値が異なることもありました。その場合、制限値幅は前日終値が基準になるため東証と大証で制限値幅が違うことになります。そうなると東証でストッ

プ高買い気配の状態でも、制限値幅が大証のほうが上だとザラバで出会いがあるケースがあります。特に公開買付や公募増資のような大きなイベントの際は、東証では引けの比例配分を待つしかない場合でも大証で売買が成立したケースが実際にありました。

　また、大証が主市場で、かつ東証での出来高が非常に少ない銘柄は、東証での引けに異常値が付くことがありました。例えば大証の板が498円の売り板、495円買い板がある状態で、東証では501円で大引けの値段が付いてしまうこともありました。この場合、大証の板を見ながら、東証で500円売り、493円買いの引け指し値注文を入れておきます。

　もし501円で売り注文が約定すれば、まだ取引中の大証で498円の売り板に買いをぶつければ約定します。これを現渡しすれば、完了で、ほぼノーリスクで裁定ができました。同じ銘柄で何度もできたので、多分東証の引けで売買せざるを得なかった人がいたのでしょう。ただ、手間の割に儲けは少ないので、ディーラーも参入してこなかったのでしょう。

　大証の個別株取引がなくなってしまった現在でも、名古屋、札幌、福岡の各地方証券取引所があります。ネット証券では取引できない会社もありますが、重複上場している銘柄は一応チェックすべきでしょう。

取引システムの盲点

ケース1

ごく初期のFX

日本でFX（為替証拠金取引）が始まった当初、ASK、BIDの価格の提示が、数秒間固定されていた業者がありました。提示された価格で納得すれば、提示価格で売り、または買いが成立しました。もちろんそのまま見送ればキャンセルになります。もうお気づきの方もおられると思いますが、この方式を逆手に取ると、ボラティリティの高い時を狙って、実際のマーケットよりも有利な価格で売買を成立させることができます。自分でプログラムを書いてこれを自動でやれば、ほぼノーリスクで売買できそうです。

実際にこれで1億円以上稼いだ人が少なくとも5人はいたと聞いています。私の知人もこれに気づいて参入したのですが、そのときはすでに業者も対策済みだったようで、プログラムを動作させても、毎回、売買を拒否されたそうです。

ケース2

新しく登場する金融商品

業者との相対で行うOTC（取引所経由ではない業者との相対取引）には、いろんなバリエーションがあります。ほとんどがオプションやスワップを使ったいわゆるデリバティブです。相対取引の金融商品の多くは、かなり業者側に有利に設計されています。従ってOTCの金融商品で恒常的に利益を上げていくのは難しいのですが、

次々と新たに出てくる金融商品の中には、ルール上の穴があるものがあります。先のFXもこの類です。すでになくなってしまったある金融商品は、一定時間後の価格を予想する一種のオプション取引でした。

ここでの値段設定は、その時のボラティリティに合わせて設定されるため、設定後に大きく値段変動があってもそのまま実行されてしまいます。ボラティリティの急変動があると顧客側が有利になるケースが出てきます。当時実際に実践していた友人の話では、利益は出し続けることができたものの口座を停止させられたそうです。OTCの取引では、業者がヘッジをしていないと客の利益がそのまま業者の損失になることが多く、その場合は制度の穴を突いても手法は短命になるようです。ちなみにこの金融商品は金融庁の指導によって消滅してしまいました。

以上、紹介したものは、制度やルールを逆手に取った売買手法の一部です。このような売買手法は少人数で密かに実践されていることが多く表にはなかなか出てきません。広まってしまうと使えなくなってしまうことも多いからです。

特にFXやCFDなどOTCでの売買は、業者が穴を塞いだ時点で機能しなくなります。ネット商材と呼ばれているものの中にそのような匂いをさせているものもありますが、多くはすでに使えなくなっているか、使えないもののようです。そんな手法があれば、黙って実践していたほうが儲かるはずで、わざわざ広める必要はないと考えられます。新しい金融商品が登場したり、既存の取引制度が変更

されたような場合には盲点がないかを調べてみると面白いと思います。その時に上のケースであげたような事例が参考になります。もし見つけることができれば、短期間で大きな利益を得られるかもしれません。

　また新しく創設される市場は今までできなかったことが可能になるのでチャンスが広がります。例えばPTS（時間外取引）は、大引けから翌日の寄付きまでに起こったイベントに対応できます。それがあまり知られていないイベントですとPTSで翌日の先回りができる可能性があります。こういうものは、いろんな可能性があって面白いのですが、闇雲に手を出すのはやめたほうがいいでしょう。ミイラ取りがミイラにならないようご注意ください。手を出すのは十分に調査をしてからです。

第8章

イベントを探す

イベントはアイデアが大事

　種々のイベントが、トレードの利益の源泉になることは、わかっていただいたかと思います。でも本書に書いているイベントは、ほんの一部です。実は自分でイベントを探し出すことこそが、イベントドリブンの醍醐味だと思うのです。もし自分だけが誰も気づいていないようなイベントを探し出せれば、競合する投資家はいませんから、利益を独り占めできるかもしれません。

　ではどこから利益を生みそうなイベントを探し出すのでしょうか？　実は最も可能性が高くて、実戦的なのは、自分のトレードの経験から探すことです。思いがけず大損したトレードは裏に何かイベント的な理由があるかも知れません。自分のトレード方向とは反対の大きな力が働いているなら、それが何かを探すのです。たとえば空売りしていた銘柄が、引け直前に急騰したとすれば、大引けの値を使用する指数が影響しているのかもしれません。日々のトレードの中で「あれっ？」と思ったこと。それは隠されたイベントを探す緒かもしれません。

　そこで、ぜひみなさんに実践してほしい習慣があります。それは、「トレード日誌」を書くことです。人間の記憶はあいまいで、しかもすぐに忘れてしまいます。日誌を書くことで、後からトレードを思い出すことができます。あまり細かく書く必要はありません。詳細に書くことにこだわると、面倒になって長続きしません。それよりも続けることが大事です。事細かに書いていなくても、一つのことを思い出すと、芋づる式に記憶が蘇る経験は、みなさんにもある

と思います。トレードの時には分からなかった事柄が、後から分かるということはよくあります。ノートに書くのが面倒ならば、テキストにしてPCに保管しても良いでしょう。とにかく書き続けることが大事です。それと、その日のうちに必ず書くこと。人間の記憶は、曖昧なので、1日経ったらかなりのことを忘れてしまいます。実はもう一つ日誌の大きな効能があるのですが、これはまた後で述べたいと思います。

他の投資家、トレーダーと情報交換しよう

　トレーダーや投資家との会話の中からもヒントを得られることは多いです。「A銘柄は昨日の場中に、変な動きがあったよ」など何気ない話の中にも大きなヒントが隠されていることがあります。イベント系のトレーダー同士だと、大体各々得意分野を持っていますから、お互い情報交換ができます。他の手法を用いている人との会話も、売買の視点が違うだけに大事です。自分とは違う所から相場を見ているので、新たな発見があるのです。
　例えばあなたが短期トレーダーだとすると、長期間の投資を実践している投資家とは、話が合わないような気がするかもしれません。こうした投資家は、たいていファンダメンタルズを重視した売買を行っています。一方短期トレーダーのあなたは、ファンダメンタルズを全く無視しているかもしれません。しかしファンダメンタルズの指標発表時、例えば決算発表はそのままイベントです。ファンダメンタルズの知識が豊富な長期投資家の話は、短期のトレードにも

ヒントになります。

　こうした機会は、投資サークルや勉強会などでも得られますが、手軽なのは、投資セミナーに行くことです。セミナーに来るような人は、自分から進んで投資の勉強に来ているのですから、熱心な人が多いのです。セミナーの休憩中やセミナー終了後でも、隣の席や近くの席の人に声をかけてみると、意外に話が弾みます。大抵の人は、職場や家庭に相場仲間がいることはありません。相場の話がしたくてウズウズしている人は結構います。積極的に話しかけることで、人脈の幅が大きく広がるきっかけになるかもしれません。

　また、セミナー後に講師との懇親会が設けられているケースもあります。そんな場合はぜひ参加しましょう。講師やセミナー参加者と食事をしながら相場談義ができる絶好の機会です。パンローリングでは、毎年、投資戦略フェアとして東京と大阪で日本最大級のセミナーと懇親会を実施しております。投資家、トレーダーが一同に集まる機会ですので、お勧めします。私も過去に何度か講師をしているイベントですが、講師をしない年でも良い機会ですので、なるべく参加するようにしております。もちろん、規模の小さいものであれば、証券会社や商品会社、FX会社主催のものがほぼ毎週末、どこかで開催されています。

　参加する際には、ぜひ自分の名刺を作って持って行くことをお勧めします。名刺には、名前またはハンドルネーム、肩書き（トレーダー、投資家など名乗りたいものでOK）メールアドレス、携帯番号、ブログのURL、SNSのID等を印刷しておけば良いでしょう。名刺がないといちいち会場でメモ用紙や紙切れを探して書かなければな

りません。これだとスペルが間違っていたり、読みにくかったりすることがあるので良くないです。第一、書く時間がもったいないし、相手をその間待たせてしまうことになります。効率よくいきましょう。筆者もこのようにしてお会いした方の中に、長く情報交換をしている人が大勢います。

書籍はアイデアの宝庫

　良い書籍には、先人の知識と経験が詰まっています。こんな本からはトレードアイデアがよく得られます。相場本がメインの出版社パンローリングからは、国内外の著名投資家、トレーダー達の書いた書籍が出版されています。もちろん他の出版社からも、毎月のように新刊で相場書や投資本が数多く出ています。

　ここで大事なのは実際に売買している人が書いた本を読む、ということです。売買している人とは、個人投資家、証券トレーダー、各種ファンドのマネージャー等を指します。それ以外の人、例えば評論家やアナリストが書いた本は、知識を得るには良いかも知れませんが、トレードアイデアのヒントには、なりにくいのです。

　私が今まで読んだ書籍の中で、特に参考になったものを挙げますと、まず、ジャック・D・シュワッガー著『マーケットの魔術師』シリーズです。株式はもちろん、先物、オプション、債券、為替といろいろなマーケットで活躍する一流の投資家、トレーダーが登場し、過去の失敗談やエピソードを交えた体験談は、おもしろく大変役に立ちます。もう20年以上前に、最初にこの書をわくわくしなが

ら読んだときのことをいまでもはっきり覚えています。これは登場するトレーダーの資質もさることながら、言葉を巧みに引き出すシュワッガーのセンスの良さがこの本を名著にしていると思います。

『グリーンブラット投資法』（パンローリング）も参考になりました。これは特殊需給下での投資という非常にニッチな分野の書です。企業買収、合併、倒産といったイベントを利用してどのように利益を出すのかという内容です。アメリカ市場の話なので、若干日本の事情とは異なりますがイベントトレーダーを志すなら必読の書です。取引制度や市場が違っていても、根本的な考え方は同じです。

また一般的にアメリカのほうが、全般に投資家トレーダーのレベルが高いように思います。売買戦略なども日本より一歩進んでいることが多いので、日本市場に応用してみることは有益なはずです。ラリー・ウィリアムズ、ローレンス・A・コナーズ、リンダ・B・ラシュキの著書も興味深いものが数多くあります。共通しているのは、単にテクニカルで売買しているのではなく、価格変動の背後に何があるのかに注目していることです。かつて、日本で個人のデイトレーダーが、ほとんどいなかった頃、上記３人の短期売買戦略がよく機能しました。パンローリングの最初の書籍『魔術師リンダラリーの短期売買入門』が世に出たばかりの頃の話です。

参考になった書籍はできれば、常にストックした状態にして、何度でも読むことが大事です。一度読んだ本でも年月が経ってから読み返してみると前回読んだ時とは違う発見があるものです。自分のトレード経験が増えると、前回理解できなかったことがすっと入ってくる場合があります。また「こんなことが書いてあったんだ」と

いう再発見もよくあります。書籍の読み方は各自いろいろあると思います。これはと思う箇所が出てきたら、逐一書き写すという人もいます。筆者はとりあえず最初は文章を読むことに集中したいので、いちいち書き写すことはしません。付せんを用意しておいて、読書中、気になった箇所の上に付せんを貼っていきます。読了してから付せんのついたページを読み返して気になるところをテキストにして保存します。

　グラフや図が必要な場合は、ページをスキャンして、PDFにします。相場関係の書籍は毎月のように新刊が出版されます。トレーダーズショップにもたくさんの本がありますし大型書店にいけば、多数の本が陳列されています。定期的に書店には足を運んで気になったものには目を通すと良いでしょう。また、たまに古書店にも足を運ぶと、意外な本がみつかることもあります。というのも新刊書がすべて書店に並ぶわけではないからです。ネットで書名の検索をかけた場合、書名に投資とかトレードという名前が入っていれば検索できるのですが、それらしき名前が付いていない場合には、なかなかヒットしません。

　こうして自分が知らない書籍がどうしても出てきます。古書店ではメジャーな流通に乗っていない本も売っている場合がありますから、時々、「こんな本があったのか」と驚くような出会いがあります。出張や旅行中などで、時間が空いたら、その土地の書店や古書店に行ってみるのも面白いと思います。書籍同様、雑誌からもヒントを得られることは多いです。経済誌、マネー雑誌には目を通しておくことをお勧めします。同じような記事でも各誌で視点が違うこ

ともあります。ここで大事なのは、何が株価に影響を与えているのか、または何が、投資家心理に影響を与えているのかという視点を常に持ち続けることです。意識していないと、なんとなく読んでいるだけになってしまいがちです。

証券会社のレポート

　証券会社や、金融機関のシンクタンクから発行されているレポートには、イベントのヒントとして面白いものがあります。特に、クオンツ系のレポートは、そのままイベントについての検証がされているものもあります。これらのレポートは顧客向けに書かれてはいるものの、必ずしも個人投資家向けではないため、少々難解な表現もあります。レポートを入手するには、証券会社、シンクタンクのWebサイトからダウンロードできるものと、対面取引の営業を通してしか手に入らないものとがあります。前述した、TOPIXのFFW変更や、MSCI、FTSEの各指数イベントのように、レポートが入手できないと、手を出せないものもあります。

　また日経225の定期入れ替え時には、各会社から、入れ替え銘柄の予想がでます。これもイベントとしては見逃せません。大手D証券とN証券のレポートは特に検証が緻密です。個人で検証するには大掛かりすぎて困難なイベントもあり、必見です。D証券ものは、口座を持っていれば、Webサイトからダウンロードできますが、N証券のものは、いまのところ営業を介してしか手に入りません。

インターネットとSNS

　インターネットは、情報を得るツールとしてはなくてはならないものになりました。特に各種の数字のデータが、過去の分も含めて得られるというのは、ひと昔前から見れば革命的な変化です。ネット時代以前は、手入力ないしは手書きが普通でした。図書館に籠ってデータを書き写すという単純作業はなかなか辛いものでした。それが、まず1990年代にいわゆるパソコン通信のオンラインでデータが取れるようになって、相場データのデジタル化が始まりました。
　そうするとパソコンでの検証が容易になり、トレードのシステム化ができるようになりました。その後インターネットが普及し様々な時系列データが入手できるようになり今日に至っています。もちろんニュースの閲覧やコミュニケーションのツールとしても重宝しています。イベント発生をネットで知ることができるのは非常に便利なことで、ブックマークしておいて毎日1回巡回すれば、ほとんどのメジャーなイベントはキャッチできるはずです。LINE、Facebook、TwitterなどのSNSも活用すれば、情報源としても有益でしょう。
　ただ、筆者はSNSで情報を得るのが苦手です。最近のトレーダーにとっては、Twitterが必須アイテムになっていると聞きます。ネットとSNSの大きな違いは、ネットでは、こちらから必要な情報を取りにいくのに対して、SNSでは一方的に流れてくる情報です。これはマスメディアのテレビと新聞の関係に近いように感じます。Twitterの場合、タイムラインにどんどんツイートが流れてしまう

ので、読むだけでかなり時間がかかってしまいます。中には大変有益な情報が交ざっているのですが、見つけるのが大変です。おそらくツールなどを使えば効率よく必要な情報が集められるのでしょうが、筆者はまだ使いこなせていません。

自分の立場を最大限に使って知識を広げる

　ニュースが流れてそれがある企業にとって株価に影響を及ぼすほど重要な事項であったとしても、知識としてそのニュースが業界や会社にとってどれほど重要かを知らなければ、ニュースと銘柄とを紐づけることができません。それには普段から常にアンテナを張っておくことが必要です。とはいえ、多種多様な企業があり、業界があり、多くのビジネスモデルがある中、そのすべてに深い知識を得ることは不可能です。

　そこで自分が興味を持っている分野や趣味にしている分野の関連企業のことを調べるのならそれほど苦にならないはずです。例えばオーディオの分野に興味があるなら、音響機器メーカーのことを折に触れて調べてみるといいでしょう。音響機器メーカーは、かなり業態変化をしている会社が多く、なかなか面白いと思います。さらには、音楽配信といったソフトウエアの分野まで手を広げると守備範囲が増します。

　もしあなたが会社に勤める社会人なら、自分の会社のことを調べることから始めると良いでしょう。勤めている会社が上場企業でなくても構いません。会社がどのようにして成り立ってどのようなビ

ジネスモデルで、どのように利益を出しているのかがわかると、会社を見る「眼」が養われます。毎日毎日自分がやっている仕事に没頭しているだけですと、ひとつの歯車になってしまい、全体を見渡せません。社内の他の部署が何をしているのかを知るだけで世界が変わるかもしれません。自分の仕事と直接関係のない部署にまでコネクションを広げると飛躍的に知識も広がります。そんなことは自分の会社ではできない、と思われるかもしれませんが、例えば同期入社の社員が他部署にいれば、そこを糸口にすることができます。

　また自分の部署を訪れにくる多部署の社員とまず仲良くなるという方法もあります。きっかけなんか、いくらでも転がっているので、それを実践する意欲をもつことが大事です。出入りの業者や得意先と接点があるなら、それも使って知識を広げましょう。このようなことをやっていると、自分の仕事が楽しくなるという効能もあります。株主総会やIRではわからない現場の生の声がそこにはあります。サラリーマンには、サラリーマンにしかできないことがあるのですから、それを利用しない手はありません。もしあなたが自営業者なら、お客さんや仕入先、外注業社など話し相手には事欠かないはずです。

イベントを探る実例

　イベントの探し方については、アイデア勝負ですから、こうしなければならないという定型的なやり方はありませんし、むしろそういう固定観念がイベント探しを邪魔するかもしれません。しかし、

あまりに抽象的過ぎても雲をつかむ話になると思いますので、実際にどんなプロセスでイベントを探すのか私の例を挙げてみます。ある日ニュースに「機械受注統計」のことが出ていました。まずは機械受注統計がどんなもので、いつどこで発表されるのかがわからないと検証はできません。

そこで、検索サイトで検索すると、内閣府のWebサイトがヒットしました。ここに機械受注統計のことが、いろいろ載っています。内閣府が実施する数ある統計調査の一つで、機械製造業社280社からの2カ月前の調査票をもとに毎月10日ころ発表するとあります。このサイトには、過去のデータの発表日が載ってますのでチェックします。サイトには発表予定日も載っており、毎回8時50分に発表されることがわかります。8時50分の発表ですから、直後の寄付きにインパクトを与えそうです。

次に統計の影響を受けそうな銘柄を抜き出します。ここでは機械メーカー銘柄が対象になりそうです。対象銘柄の時系列データを入手します。発表のインパクトを調べたいので、統計発表前日、当日、翌日の日足が欲しいところです。ここでは、発表直後の寄付きを100として、前日の大引け、当日の寄付きと大引け、翌日の寄付きと大引けの5種類を時系列に並べます。

例として**図表8-1**をご覧ください。上列が株価で、下列は、当日寄付きを100とした数値です。この例では、前日引けから当日寄りで値上がりして、後は徐々に下がっていくというパターンになっています。もちろんこのデータだけでは、ほとんど意味がありません。例えば統計が前月より上がっているものだけを何年分か集めて、か

図表8-1　対象銘柄の時系列データ

前日大引	当日寄付	当日大引	翌日寄付	翌日大引
1825	1902	1875	1871	1862
95.95162986	100	98.58044164	98.3701367	97.89695058

つその平均値がこのようなパターンを描いていたとしたら、「機械受注統計が前月より数値が上がって、かつ株価が前日より上がっていれば」「寄付きで、空売り。翌日の引けで手仕舞い」というルールが作れそうです。さらにデータを翌日だけでなく、もっと先まで検証した方がいいかもしれません。

　ある有名な評論家の記事が、株価にかなり影響を与えているという話が、あるオフ会の中で出てきました。この記事は有償の会員にならないと読めないのですが、過去記事がすべて残っていましたので、どの程度影響があるのか検証してみることにしました。この場合も機械受注統計と同じやり方で、対象銘柄を調べています。為替や商品市況も関連が深そうです。原油の値上がりは、石油会社だけでなく、化学工業や電力会社に影響を及ぼすでしょうし、為替相場の大きな変動は製造業、貿易など広範囲の業種に影響があるでしょう。金（ゴールド）の高騰は鉱山会社の利益につながります。

　ひとつ検証時のヒントを加えると、これらのマーケットが急騰急落した日例えば前日比で何％変動した日をピックアップして、その日の株価の変動を調べると、短期的にどのくらい影響があるのかがわかります。散布図などを駆使するとさらに鮮明になるでしょう。

他にもオリンピックの記事をみて、オリンピックの開催日と運動用具メーカーの株価の関係を調べたり、台風のニュースを見て損害保険会社と台風の関係を調べたこともあります。

学術論文から探す

　経済学や商学の研究が、実はトレードのヒントになることはあまり知られていません。実際にはこれらの学問の論文の中にトレードに活かせそうなものがあります。学術論文は、投資家やトレーダーが書いたものではありません。従って実際の売買では再現しにくいものがあることは留意すべきです。例えば、数字上有効なリターンが得られることになっている場合でも、売買一回あたりの利益が少なすぎると、売買にかかる手数料や各種経費（信用金利、貸し株料など）のほうが大きくなって、実践するとマイナスになってしまうようなことがあります。売買方法が複雑すぎて実践に向かないケースも出てきます。

　また、論文のアプローチが、投資やトレードする上で最適とは限りません。それはサンプリングの方法、時間軸の取り方など多義に渡ります。従って論文の結果だけをうのみにするのではなく、自分で調査してみることが大事です。特に時間軸やポートフォリオの内容を少しずつ変えてみると面白い結果が得られることもあります。

　論文の執筆者は主に学者ですから、研究結果を運用に活かそうという意図はありません。論文を発表すること自体が業績になります。ということは、研究結果が素晴らしく、売買に有益だとしても、そ

図表8-2　グーグル・スカラーのトップページ

のまま掲載する可能性が高いということです。もしこれが売買実践者が書いた文章なら、発表するのに躊躇するかもしれません。発表せずに自分で売買することで利益を独占してしまおうというインセンティブが働くかもしれないからです。この点、学術論文は信頼できるのではないでしょうか。

　では論文を探すにはどうすればよいのでしょうか。まずはオンラインでネット検索してみましょう。GoogleScholar（https://scholar.google.co.jp/。図表8-2参照）はグーグルの論文検索サイトです。まずは、ここで片っぱしから、検索ワードを入れていきましょう。ここはいろんな分野の論文が検索されますので、経済学系とは関係のないものもたくさんヒットします。

　例えば「イベントドリブン」で検索をかけると、イベント駆動型プログラムやロボット関係の論文が上位に出てきます。そこで、検索ワードに「ヘッジ」を追加するとイベントドリブンとヘッジファ

ンドの論文がヒットします。これらのうち、PDFで公開されているものは、そのままダウンロードできますので、読んでみましょう。

　はじめて経済学系の論文を読むと多少面食らうかもしれません。理系の論文かと思うくらいに数式が出てくるからです。私自身も文系出身ですので最初にみたときは驚きました。けれど大丈夫です。売買に利用するという目的なら、数式はすべて読み飛ばしてもほとんど問題はありません。自分が論文を書くのでなければ、内容さえ理解すれば良いのです。

　内容を確認したら、論文の最後に注目しましょう。参考文献が挙げられているので、タイトルを読んでいきます。その論文の先行研究も挙げているはずです。気になったものがあればチェックしておいて、入手してみましょう。また、論文の作者も同時にチェックして、その学者のほかの論文も検索すると良いと思います。他にも同類の研究をしていることがよくあるからです。

　論文検索サイトを他にもいくつか挙げておきますので、ぜひ利用してください。会員登録が必要なサイトもありますが、研究者以外の一般の人でも登録できますので心配はいりません。海外、特にアメリカの大学や研究機関の論文にも役立ちそうなものが多数あります。アメリカは、運用、投資、トレードの分野において日本よりはるかに進んだ先進国であるため、日本では研究されていない分野の論文、書籍があります。英語を読むのが苦手であれば、翻訳ソフトで訳してみましょう。これだけでだいたいの要領はつかめると思います。近年、翻訳ソフトは飛躍的に使いやすくなっています。論文は、経済学、商学、会計学などの分野が多いのですが、他の分野の

ものもあり、注意が必要です。

　国内の論文の掲載は、各大学、大学院、学部の紀要、各学会で発行している学会誌など多義に渡ります。学術誌ではありませんが、日本証券アナリスト協会が発行している「証券アナリストジャーナル」は、最初に読むにはいいかもしれません。会員でなくても、論文1本単位でWebサイト（https://www.saa.or.jp/index.html）からダウンロード販売もしています。もちろんバックナンバーの論文の検索もここでできます。学術論文を眺めていくと、例えば株主優待の株価への影響について考察したものや、インデックスファンドのリバランスについての研究など、イベントドリブンの手法に使われる事象は、すでに研究テーマになっていることがわかります。学術論文は一般の投資家やトレーダーにはあまり馴染みがないとは思いますが、ぜひ一度読んで見てください。

図書館にいこう

　すべての論文や専門書籍がネット上にあるわけではありません。特に古い論文は電子化されていないものも多いのが現状です。また電子化されていたとしても、オープンではなく一般人が読むことができる状態になっていないこともあります。

　論文は、専門雑誌や研究紀要などに掲載されています。公共図書館の中には、このような資料を扱っているところもありますから、まず家の近くの図書館をあたってみることをおすすめします。資料名が分かっている場合は、レファレンスサービスの窓口に行けば調

図表8-3　証券図書館

べてくれます。小さい図書館でレファレンス専門窓口がない場合は、総合窓口で聞いてみましょう。何度も足を運んで司書さんと顔見知りになると、いろいろ便宜を図ってくれる場合もあります。訪れた図書館にない資料でも、近隣の図書館にある場合は、取り寄せてくれることもあります。自治体によっては送料の実費を請求されるかもしれませんが、自分で遠方まで行くことを考えれば安いものだと思います。

　証券関係の専門図書館である証券図書館が東京と大阪にあります。ここは閲覧だけなら誰でも利用ができます。相場関係の蔵書が多く、相場本好きの人なら終日いても飽きません。論文関係もかなり揃っていて、大学の紀要や学術専門誌も豊富です。各証券会社や証券会社系のシンクタンクが出しているレポートも揃っています。ただし平日のみの開館ですので、一般の会社員は少し利用しにくいかもし

れません。

　東京の国会図書館は、日本一蔵書が多いのはみなさまもご存じだと思います。首都圏に住んでいない人も、東京に出張や旅行に行くことがあれば、時間をとって行く価値は十分にあります。大阪府立中之島図書館に行けば、古い相場関係の蔵書があります。ここはなかなかモダンな建物です。ちなみに大阪府立図書館（中央図書館含む）は、大阪府在住者だけでなく、兵庫県、京都府、奈良県、滋賀県、和歌山県、三重県に在住している人にも貸し出しサービス、レファレンスサービスを行なっています。郵送でのレファレンスサービスもあるようなので、大阪府立図書館レファレンスサービス（https://www.library.pref.osaka.jp/site/info/reference.html）を参照してください。

　中之島図書館のお隣は中之島公会堂で、相場師だった岩本栄太郎氏が寄贈したことで有名です。大阪取引所（旧大阪証券取引所）や世界最初の公設先物取引所だった堂島米会所跡も徒歩圏内ですので、一度は寄ってみることをおすすめします。先ほどの証券図書館もすぐ近くです。

　各地の図書館を巡るのもいろいろな発見があって楽しいものです。大学図書館には豊富な資料がありますが、一般解放していない場合も多く、閲覧するには少し工夫が必要です。親しい知人や身内に大学職員や大学生がいれば借りてもらうのも手です。

　正攻法でいくなら、市民向けに特別貸し出し枠を設けている場合もありますので、直接問い合わせてみましょう。有料の場合もありますが、研究者向けに開放してくれている大学図書館も多いです。

図書館というところは、熱心に研究している人には、職員さんも便宜を図ってくれることがあります。資料を調査しているというのがコツです。一般企業の資料室や地方議員向けの議会図書室、博物館、資料館の蔵書、各地の商工会議所、商工会、業界団体の資料室、財団法人等の図書室などにも資料がありますが、閲覧できるかどうかはケースバイケースです。まったくつてがなく飛び込みではハードルが高いと思われます。居住地以外の公共図書館の場合、自分が普段利用している図書館の紹介状があれば閲覧できることもあります。これもレファレンスサービスが窓口になります。

　最近、電子図書館サービスが公共図書館で始まっています。これはオンラインで電子書籍を貸し出すというサービスで、紙の書籍を借りるのとは違い図書館に行く手間が省かれます。家や外出先から電子書籍を借りることができるというのは画期的だと思います。現在まだ実施している図書館は少なく、稼働している施設も蔵書数が少ないのでまだまだ実用的ではありませんが、近未来の図書館像が垣間見えます。

　では、実際に調べる手順を最初からやってみましょう。例えば決算発表というイベントを利用してトレードしたいと考えたとします。GoogleScholarで「決算発表」のキーワードで検索をかけてみます。「決算発表に対する株式市場の反応」「決算発表に対する市場反応時点の検出（実証研究）」「決算発表に対する東証一部・東証二部・大阪・店頭市場の反応比較」などトレードに活かせそうなタイトルの論文がヒットしました。

　「決算発表に対する株式市場の反応」を調べてみると、CiNiiと

図表8-4　CiNii アーティクルズのトップページ

いう論文サイトに転送されました（**図表8-4**参照）。このCiNiiも大変便利ですのでぜひ会員登録しましょう。このCiNiiから中央経済社という出版社が発行している企業会計という雑誌に載っている論文だということがわかります。そして著者は桜井久勝氏と後藤雅敏氏です。両氏はこのような研究をしているということですので、必ず控えておきます。そして後で著者名での検索もかけてみます。

「決算発表に対する市場反応時点の検出（実証研究）」を検索すると、やはりCiNiiのサイトに飛びました。著者は先ほどの後藤雅敏氏です。こちらは森山書店発行の『會計』という雑誌に論文が載っています。

今度は「決算発表に対する東証一部・東証二部・大阪・店頭市場の反応比較」を検索すると、こちらは関西大学大学院『千里山商学』という雑誌の論文ですが、そのままPDFをダウンロードすることができます。『會計』は会計学のメジャーな雑誌ですので少し大き

な図書館にいけば置かれています。バックナンバーは窓口に行って手続きをすれば閲覧できるはずです。

　閲覧した資料は、できればコピーを取らせてもらいましょう。図書館には大抵コピー機が設置されています。図書館によってシステムが違いますが、自分でセルフ式にコピーを取る館と、複写の依頼書を書いて職員さんにコピーしてもらう所があります。またセルフ式でも、予め複写の申請が必要な場合もあります。これは著作権保護のため、資料の全部を複写することは許されていないからです。このようにして資料を収集し読みこなしたら、次の段階として検証に移ります。検証については10章で紹介します。いままで図書館には縁がなかった人も、まずは近所にある公共図書館に足を運んでみてください。

　「経済学文献索引データベース」国立情報学研究所
　　https://dbr.nii.ac.jp/infolib/meta_pub/G0000013KEIZAI

他人と同じことをしていても儲からない

　株価指数に関するイベントのことを一般的な本で紹介したのは、J-Coffee氏が最初だと思います。以来、株価指数の銘柄入れ替えや新規組み入れに関するイベントは、年々方向がつかみにくくなっているように思います。特にTOPIXの指数組み入れ、除外の当日の動きは本当に予想困難です。いろんな思惑の売買が組み入れ当日にぶつけられるようで、組み入れ銘柄だから、素直に大引けまで上がっていくというような値動きはあまり見られなくなりました。特に

引け間際には乱高下するのが普通であるような状態です。これは指数組み入れなどのイベントが、多くの人に広まった影響かもしれません。

株主優待の場合でも、以前と少し動きが変わってきたようにも思います。イベントで、価格を動かしている主体（指数組み入れであれば、ファンド）よりも、それを利用して利益を上げようとする側、それは私たち個人トレーダーやヘッジファンドのことですが、こちらのほうが大きくなってしまうと、もはやそのイベントでのエッジ（優位性）は消滅してしまいます。これはイベントに関してのことだけではなく、どんな手法も実践する人が多くなりすぎると、手法に内在していたエッジがなくなってしまいます。イベントに関しては、機能すればするほど有名になってしまい、実践する人が多くなって最後には機能しなくなるという繰り返しです。

例えば公募増資の際、下げを取る売りなどは、相場の調整期には非常によく機能します。一回の利幅も大きくなり増資（の下げ）バブルのような状態にまでいくと実践者が増えてきます。そして売り禁が続出したり踏み上げがあると、少しずつ実践する人は少なくなります。そうしているうちに、相場の調整期が終わって全体が上げ相場に入ると、増資の件数は増えるもの、なかなか下げないケースが多くなり一気に実践者が減ります。

前述したように公募増資に関しては、売買技術がものを言うので、閑散期でも増資で利益を上げ続ける人はいます。しかし少しでも効率よく売買しようと思ったら、普段からいろいろなイベントを探るべくアンテナを張っておくことが重要です。自分で、新しいイベン

トを見つけ出して持ち駒を増やしておくべきなのです。

第9章

ヘッジ

ヘッジで予期せぬリスクからポジションを守る

　この章では、ポジションを守る手段であるヘッジについて考えてみます。イベントを期待して持っている買いのポジション。これは信用の買いでも現物株でもよいのです。狙っているイベント、例えば株主優待だったとします。首尾よく株主優待の買いが入って順調に上がっていたとしても、突発的な別の事象（これもイベントと呼ばれます）が発生して、暴落に巻き込まれるようなことは、歴史的にみても度々発生しています。

　例えば、2011年3月11日に起こった東日本大震災は、最も株主優待の数が多い3月の権利日前でした。このために株主優待を取る目的で、あるいは株主優待の上昇を取るために買っていた人が暴落に巻き込まれてしまいました。天災や戦争など、株主優待イベントとは全く関係のない事象によっているポジションが大きな損失を被るのを防ぐためにヘッジをという手段があります。

　ヘッジとは、保険のようなものです。ただしヘッジできるリスクとできないリスクについては、よく理解しておく必要があります。まずヘッジ可能なリスクというのは、前述したような、天災などの相場全体にかかるリスクです。これには、アメリカ株の暴落、急激な円高なども含まれます。対して、ヘッジ不可能なリスクというのは、その銘柄独自のリスクです。例えば、決算予想を大幅に下方修正したとか、業績をもゆるがすような不祥事を起こした、自社工場が火災で焼失したなどです。これらのリスクは、その銘柄だけに係る下落要因ですから、クロスのように買っている銘柄を空売りする

しか防ぎようがありません。もちろんこのような空売りをしたのでは、株主優待イベントからリターンは得られません。

　もう一度言いますがヘッジで防ぐことができるのは、日経平均株価やTOPIXが下がるような相場全体の下落だけです。またデイトレードのような超短期のポジションに対しては、ヘッジは不要だと思います。トレードの時間枠が短くなるほど、売買タイミングや取引コストが損益を左右するようになります。取引コストが余計にかかるヘッジを超短期のトレードに取り入れれば、損益は確実に悪化します。反対に長期トレードほどヘッジが必要だと思います。外部からの予期せぬイベントリスクが発生する可能性が、高くなるからです。

ヘッジで使える金融商品

　相場全体の下落から守るためには、相場全体を表すような指数を売ることでヘッジが実現できます。この指数は、例えばTOPIX、日経225、場合によってはJPX日経400や東証マザーズ指数などです。一般的なのは東証一部銘柄全体の指数であるTOPIXでしょう。ETFが各社から上場されていますし、先物も、ミニTOPIX（倍率1,000倍）と通常のラージサイズのTOPIX先物（倍率10,000倍）が上場されています。

　流動性を考えるなら、日経225が最もおすすめです。ただし大型株中心に構成されている指数ですので、あまり小型株や新興株のヘッジには向きません。こちらもETFが上場されていますし、先物

も日経225mini(倍率100倍)と通常のラージサイズの日経225先物(倍率1,000倍)が上場されています。新興市場銘柄のヘッジには、東証マザーズ指数が良いでしょう。ETFが上場されているほか、東証マザーズ指数先物があります。

このほかJPX日経400もTOPIXの代用として使えます。TOPIXとJPX400は、非常に相関性が高いので充分代替可能です。なぜわざわざJPX日経400を出すのかというと、ミニTOPIX先物よりJPX日経400先物のほうが流動性があることが多いからです。

先物をヘッジの手段として使うには、現物取引の総合口座や信用取引の信用口座とは別に先物口座を開く必要があります。審査がありますが、信用口座を開くことができているなら、先物口座の開設は問題ないと思われます。この口座に証拠金を入金すれば、先物取引が開始できます。先物をヘッジで使う際に最も問題になるのは税制面です。先物取引と現物、信用取引の損益は通算することができないのです。例えば、現物で損失が出て、ヘッジの先物では利益になった場合でも、損益通算できないため先物の利益に課税されてしまいます。ヘッジという取引実態を考えれば、損益通算できてもおかしくないと思うのですが、現状の制度では、できないことになっています。

ちなみに株価指数先物の損益は、商品先物やFXなどとは損益通算できます。先物の制度として、取引限月には注意が必要です。株価指数先物の場合、3月、6月、9月、12月限のうち最もSQが近い期近限月のことを中心限月といい、一番出来高が多い限月になります。例えば今が7月だとすると、9月限が中心限月になります。

9月限は9月の第二週目の金曜日がSQ算出日になり、この前日の木曜日が最終取引日になります。ここで少しばかり問題が発生します。9月末に権利日が到来する株主優待銘柄のヘッジをしたい場合、9月限の先物を売ったのでは、優待権利日よりも先にヘッジの先物の期限が来てしまいます。

これを回避するには2つ方法があります。一つは初めから12月限をヘッジに使うことです。これは流動性の高い日経225先物や日経225miniでは、あまり問題はないのですが、TOPIXやマザーズ先物では中心限月ではない12月限の板はかなり薄いと思われます。無理に注文を入れると、不利な価格で約定してしまうかもしれません。

これを回避するには、ロールオーバーを使います。具体的には、先物ポジションをSQ近くまで持っておき、9月限を買い戻すと同時に12月限を売り建てます。寄付きや引けで実践するのが簡単です。9月限のSQが近くなってくると、同じようにロールオーバーする投資家が増えるので、12月限の流動性も高くなってくるのです。

いろいろなヘッジ方法

ETFや先物を売れば、ヘッジとして使えることはわかりました。では実際にヘッジをどうすればいいのでしょうか。買いのポジションに対してヘッジの売りを入れることを「ニュートラルにする」という表現を使います。ニュートラルにするために、次のようなやり方があります。ここでは日経225miniを使って例をあげてみます。日経225miniの価格は20,000円とします。

1．売買代金ニュートラル

　最も簡易的なやりかたです。例えば1,000円の現物株10,000株（1,000万円分）保有していた場合に、先物を使って同じ金額の売りをつくるというやり方です。現物株の時価が1,000万円。これに金額を合わせて先物を売ることになります。日経225miniの値段が20,000円とすると、

買いポジション　現物株　1,000円×10,000株＝1,000万円
売りポジション　先物　日経225mini 20,000円×100（倍）×5枚＝1,000万円

　これで、ちょうど売買代金が買い、売りともに1,000万円で、「売買代金ニュートラル」になりました。

　これは、筆者の得意技のサヤ取りに似たポジションになっています。サヤ取りを実践したことがある方は、このポジションは簡単に理解してもらえると思います。それではいつヘッジをすれば良いのでしょうか。これは、現物の買いポジションが約定すると同時に行うことが理想です。ただし目的がサヤ取りではないので、例えば1週間だけヘッジしたいとか、夜間に大きなイベント（選挙、会議、指標発表など）があるので一晩だけヘッジしたいなど目的に合わせた時間枠で使えばいいと思います。

2．ボラティリティニュートラル

　個別株の銘柄の中には、IPO（新規上場）直後の新興銘柄のように変動幅（ボラティリティ）が大きいものもあれば、電力株などの

図表9-1　TR（True Range）の例

トゥルーレンジ
（真の値幅）

ように変動幅が小さいものもあります。売買代金ニュートラルでヘッジすると、大きく上下に振れる銘柄もごくわずかにしか動かない銘柄も、同じ規模でヘッジをすることになってしまいます。そこで、変動幅の大きい銘柄は、よりヘッジを多く、変動幅が小さい銘柄ではヘッジ量を少なくして、ボラティリティに応じたヘッジをしようとするのが、ボラティリティニュートラルです。

ここでは、ATR（Average True Range）を使ってボラティリティニュートラルでのヘッジをしてみます。ATRというのはTRの平均値で、TR（True Range）を直訳すると「真の値幅」となりあまりピンとくる言葉ではありません。窓を含めた１日の変動幅を示す数値だと理解すれば良いと思います（**図表9-1参照**）。

TRの算出方法は、（1）当日高値－当日安値、（2）当日高値－前日終値、（3）当日安値－前日終値、の３つの数字の「絶対値」のうち一番大きい数字がその日のTRになります。絶対値ですから、負

の数値（マイナス）例えば−50の場合は、50となります。

　これをいちいち計算するのは面倒なので、表計算ソフトで数値を出してみましょう。今回は10日間のATRを算出してみます。実践する際にはヘッジする予定期間に応じて、算出日数を増減させるのが実用的な使い方です。ボラティリティは、長い目で見るとかなり変動するのが普通です。短い期間で算出すると、期間誤差が大きいので不正確な数字になりやすいです。また長い期間で算出すると、直近のボラティリティが反映しにくくなります。

　図表9-2は、10日間ATRを計算したスプレッドシートです。日々のTRを算出して、最後に平均値を出してATRを計算させています。B列からE列にはそれぞれ、始値、高値、安値、終値の4本値。FからHにはTR算出のための3つの条件式。I列には、3つの条件式のうち一番大きいものを抽出して、行の最後にその平均を出しています。以下にEXCELでこれを算出するための計算式を記します。

　まず3行目の計算式は、

TR条件1の当日高値-当日安値の絶対値
3F =ABS(C3-D3)

TR条件2の当日高値-前日終値の絶対値
3G =ABS(C3-E2)

TR条件3の当日安値-前日終値の絶対値
3H =ABS(D4-E3)

図表9-2　ATRの算出

	A	B	C	D	E	F	G	H	I
1		始値	高値	安値	終値	条件1	条件2	条件3	TR
2		957	960	950	959				
3	1日目	958	961	945	961	16	2	14	16
4	2日目	963	985	963	985	22	24	2	24
5	3日目	988	1008	987	1001	21	23	2	23
6	4日目	1001	1012	1001	1012	11	11	0	11
7	5日目	1010	1011	997	997	14	1	15	15
8	6日目	990	998	990	993	8	1	7	8
9	7日目	980	980	975	977	5	13	18	18
10	8日目	980	984	978	980	6	7	1	7
11	9日目	983	987	983	986	4	7	3	7
12	10日目	985	1000	985	1000	15	14	1	15
13	10日ATR								14.4

という形で、ここではABSという関数を使っています。これは絶対値を出す関数です。

3I =MAX(F3:H3) 条件1から3のうち一番大きい数値

　ここでは、条件のうち一番大きい数値を返すMAXという関数を使っています。これで1日目のTRが出ました。あとは、式をそのまま下の行にコピペすれば、それぞれの日のTRが算出できます。
　13行目で10日分の平均値（ATR）を算出しています。

13I =AVERAGE(I3:I12)

　AVERAGEは平均値を出す関数です。仕事でエクセルを使って

いる方にはお馴染みの関数でしょう。

　これで現物株のATRは14.4と計算されました。1日平均のボラティリティは14.4です。買いポジションは10,000株ですから、このポジションのボラティリティリスクは14.4万円となります。

　次に、ヘッジ側のATRを求めます。この時に大事なのは、必ずヘッジ対象と同一期間のATRを出すことです。225miniの日足を使って、同じようにATRを計算します。計算方法は同じなので省略します。ここでは225miniの10日ATRが205であったとします。

225mini 1枚の倍率は100ですから、
205（ATR）×100（倍）＝20,500円

これが225mini 1枚あたりのボラティリティリスクになります。

現物株のボラティリティリスクは14.4万円ですから、
144,000円／20,500円＝7.024

　従って、ボラティリティニュートラルでのヘッジの場合225miniが7枚必要ということになります。

　ボラティリティニュートラルの考え方は、商品先物（コモデティ）の異銘柄サヤ取りによく使われています。例えば、原油とガソリン、

灯油とガソリンといった組み合わせのサヤ取りを実践するためにこのボラティリティニュートラルの考えかたで、売買枚数を調整します。同様に個別株間で実践されるロングショートにも使える考えかたです。売り銘柄と買い銘柄をボラティリティで合わせることで株数を決定します。

3．β（ベータ）ニュートラル

ベータ値というのは、市場平均に対する個別株の感応度の値です。ベータ値0.4の銘柄というのは、市場平均が10％上昇した時に、理論上4％上昇します。同じくベータ値1.5の銘柄なら、15％上昇します。日本の市場では市場平均値として、TOPIXがよく使用されます。Excelでもlinestという関数を使うと算出できますが、個別銘柄のベータ値はネット証券会社の銘柄情報にも載っており、TOPIXだけでなく、日経225とのベータ値が掲載されていて便利です。ベータ値も算出期間や時期によって、かなり数値が変わってきます。ヘッジには大変便利な数字ですが過信は禁物です。ヘッジファンドが、マーケットニュートラルの戦略を取る場合には、ほぼベータニュートラルを使っていると思われます。

先の現物株の日経225に対するベータ値が1.2であったとします。ヘッジをする225miniは、ほぼ日経225の指数に連動しますから、ここでは同じと考えます。この銘柄は日経225の120％の動きをする計算になるので、

現物株　1,000万円

日経225mini　1,000万円／20,000円×100（倍）×（1／1.2）＝6

この場合の現物株に対する225miniのヘッジ枚数は6枚になります。

　個別株の動きからベータを除いたものを a（アルファ）と読んでいます。マーケット全体の値動きでは勝負しない戦略は、すべてアルファを求める戦略と言えます。ヘッジファンドの多くはアルファを得るためにしのぎを削っています。筆者の考え方もほぼこれと同じで、特殊な場合を除いて相場全体の上げ下げを予測することはしません。そのため、先物を使ったヘッジは頻繁に行います。

　小型株のヘッジには注意が必要です。市場平均となるTOPIXや日経225は、大型株の影響が大きい指数です。従ってもともと小型株のヘッジにはあまり適していません。さらに小型株の場合はベータ値が非常に低い銘柄も多く、しかもベータ値の変動が大きいため誤差が大きくなりがちです。計算上ではベータ値は算出されますが、信頼性は低いと言えます。特に適正枚数を超えたオーバーヘッジは慎まなくてはなりません。オーバーヘッジは、ベータでショート（空売り）しているのと変わらなくなるからです。その分アルファに食い込むわけですから本末転倒です。

第10章

検証と売買ルール

売買の対象となりそうなイベントを探す方法を第8章で述べました。ここでのアイデアを使って実際に売買するためには、過去の相場で本当に機能しているのかを調べるというルーチンが必要不可欠です。それが検証というステップです。

　数ある売買手法のひとつにシステムトレードという手法があります。それは、過去の値動きから導き出されたルールを用いて売買するというトレードです。システム売買でキモになるのが検証で、バックテストとも呼ばれています。そうした検証の結果、利益になるルールのパターンが過去から現在に至るまで繰り返されていれば、それを利用しトレードをしようとするのが一般的なシステムトレードです。

　例えば「過去20日間の高値を上回ったら買い。過去5日間の安値を下回ったら売り手仕舞い」のようなブレイクアウトと呼ばれる手法が有名です。システムトレード用に検証するためのアプリケーションも販売されていますが、イベントドリブンで検証するなら、エクセルなどの表計算ソフトで十分です。検証ソフトの多くは、売買ルールを細かく設定して、過去の値動きやテクニカル分析から、有利な売買タイミングを導き出すという考え方で作られています。期間やパラメータを変えて検証するには便利なのですが、イベントドリブンでの検証は、イベントが株価にどのような影響を及ぼしているのか知ることが主眼です。一般的なシステムトレードの検証とは目的が、やや違うのです。そこで、自由度の高い表計算ソフトのほうが使いやすいと思います。

　また、検証結果や検証過程を他人と共有したり、仲間内で検証を

シェアするような場合は、汎用の表計算ソフトを使わないと困ったことになります。

　いろいろなイベントを定量的に検証することによって、傾向をつかみます。大事なのはイベントと株価の動きとの関連性です。値動きの背景にあるものを意識して検証していかないと、ただの数字遊びに陥る可能性があります。イベントドリブンでの検証は、あくまでイベントの影響を調べることが目的になります。検証に用いるそのデータをもとに売買ルールをつくります。ひととおり検証が終わった後、ぜひ考えてほしいことがあります。それは価格を動かしている主体についてです。イベントによって株価を動かす売買の主体は異なります。

　例えば、TOPIXや日経225などインデックス指数にからむ売買の主体は、ファンドです。ファンドなどの機関投資家は、相場が堅調だろうが、調整していようが関係なく売買をします。特に指数に沿って運用するインデックスファンドは、指数の動きどおりにファンドを動かす必要があります。インデックスファンドは利益を上げようとするファンドではありません。正確にインデックスどおりの運用をするファンドです。株主優待イベントにからむ売買の主体はいうまでもなく個人投資家です。

　個人投資家は、上げ相場で懐が潤っていれば、株主優待銘柄をたくさん買うことができます。反対に相場が下がってくると、資金の余裕がなくなるために、株主優待銘柄といえども買いが入りにくくなります。このことを加味して検証すると、ずいぶん結果が変わってくるはずです。例をあげると平均株価が長期移動平均線の上にあ

るか下にあるかで、検証を分ける方法があります。長期移動平均線で閾値を設けて、株価が平均線の上にある場合だけ仕掛けるなどの使い方が考えられます。また信用買い残の損益率を利用するのもいいでしょう。損益率は信用取引で買っている株の現在の損益を示しています。信用取引の多くは個人投資家によるものです。

ですからこの数値が低い時期は、個人投資家の含み損が多い時期と考えられます。一般的な信用損益率は、1週間に一度発表されますが、ネット証券会社が自社の分を毎日、独自で集計してメールマガジンとして発表している信用損益率もあります。この信用損益率は、ほとんどの時期でマイナスになっています。これがプラスになった時は異常に相場が上昇している状態と判断して差し支えありません。信用損益率以外にも個人投資家の懐具合を測れそうな数値であれば、それでもよいと思います。

時系列データを手に入れる

まずは株価の時系列データが必要になります。日足の4本値があればとりあえず検証可能です。本書で使っている日足データのほとんどはパンローリングの「Pan Active Market Database」から入手しています。これはパンローリングのソフトウエアに付随してくるデータベースで、インターネット上で日々更新されています。一度ソフトウエアを購入すれば、データの更新料金はかかりません。ランニングコストを考えれば、コストパフォーマンスは良いと思います。現在は、東証、JASDAQの個別銘柄、株価指数先物、商品

先物、一部の米国個別銘柄に対応しています。ヤフーファイナンスでも株価データの取得は可能です。無料でデータ取得できるのですが、一度にダウンロードできるデータ量が少ないため、多くのデータを取得するのは大変です。この場合、有料のVIP会員になって毎月会費を支払うと、CSV形式で一度に全期間のデータをダウンロードできるようになります。データ取得するための時間を大幅に減らすことができるので、ここから時系列データをよく取得するなら、VIP会員になるのも良いでしょう。

一つ注意が必要なのは、ヤフーファイナンスの時系列データは、出来高がない日はデータがありません。従って時系列でダウンロードしたデータのうち出来高がなかった日の行が空白ではなくて飛んでいます。そこで問題になるのは、複数銘柄を比較して検証しようとしたとき、データの行がずれて合わなくなってしまいます。出来高が少ない地方銘柄やマイナー小型株は特に注意が必要です。また合併などのイベントでその銘柄が終日売買停止になった場合もその日はデータがないので要注意です。ネット証券会社の中には、時系列データをダウンロードできるところもあります。そのひとつ楽天証券などにメインのデータ入手先を持っておいた上で、サブでもう一つデータ入手できるところを確保しておくと便利です。データを自分で蓄積していく際に、株式分割には注意が必要です。

例えば1対3の株式分割が行われると、理論株価は1/3になります。分割前の時系列データを1/3にしないと、連続性がなくなってしまいます。新たに過去データをダウンロードする場合には、データ配布元で処理をしてくれているのですが、自分で新たな追加デー

タだけを継ぎ足している場合には要注意です。株価データが手に入ったら、必要に応じてイベント自体の日程のデータと数値の時系列データを探します。各種の指標や統計資料などです。CSVデータで提供されていれば最高ですが、Web上に載っているだけの場合も多いです。

　政府関係の統計は、PDF形式になっていることが多く、表計算ソフトで読み込むには少々コツがあります。とりあえずコピー&ペーストができるなら（できない設定にしているファイルも多い）コピーして、表計算ソフト上にペーストしてみましょう。うまくいけばラッキーなのですが、文字が崩れてしまうことも多いです。もしあなたがAdobeアクロバット（Adobeリーダーではなく有償のソフト）を持っているなら、PDFを開いて、スプレッドシートとして書き出しをしてみましょう。

　これでうまくいく場合も多いのですが、不要な文字があるとうまくいかないことがあります。その場合は、あらかじめPDFを編集できるソフト、例えばDTPのドロー系のアプリケーションを使って、表組み以外の文字をすべて削除してから、書き出すとうまくいくことが多いです。ただし、文字や数字が最初から画像になっているPDFの場合はお手上げです。この場合後述するOCRを使えば、ある程度作業を進めることができます。

　インターネット上にはない古いデータはテキストになっていないこともあります。その時には図書館にいけばかなり古い統計資料まで閲覧できます。もちろんデジタル化されていないので、テキストデータ化するには、手入力する必要があります。もし資料のコピー

が取れるなら、スキャンしてOCRをかけるとある程度は自動化できます。最近のOCRソフトなら、9割以上は正しく数字が認識されます。もちろん後で確認の作業は必須です。問題になるのが、数値発表のタイミングです。これは、株価が指標等の発表にどのような反応をするのかを見るために非常に大事です。

主な経済指標の発表時期は、Wikipediaなどにも載っているのですが、これは現在のものです。過去の指標発表のタイミングがいつだったのかを調べるのは意外に困難です。この点、例えば機械受注統計などWebで発表されているものについては、Web上に発表日時が記してあることも多いので重宝します。数値を流用する場合、著作権には注意してください。一般的に数値データは、著作ではないという解釈が多いのですが、数値データを含めたコンテンツすべてに著作権を主張する会社も存在します。

検証期間をどうするか

検証するときによく問題になるのが、どれくらいの期間のデータが必要かということです。統計の観点からいえばデータは多いほどいいはずですから、個別銘柄なら上場来のデータが必要になるのですが、ちょっと待ってください。会社というのは創業以来同じ業務ばかりをやっているわけではありません。年々業態が変わっていくというのは別段珍しいことではありません。

例えばソニーは音響機器メーカーのイメージが強いです。確かに30年前のソニーならそうだったのですが、現在ではエンターテイン

メント系の売り上げが多くを占めています。30年前のソニーと現在のソニーでは収益構造が全く違うのです。ソニーという名前の同一銘柄というだけで、30年前の時系列データを今と同列に扱っても良いのかという問題が起こるのです。私たちが売買するのは現在のソニーですから、古いデータは意味がないかもしれません。現在は斜陽産業になってしまった業種でも同じような問題が起きます。旧来の繊維メーカーが今でも繊維だけで稼いでいるということは考えられないのです。もちろん短すぎると、データ量が少なく統計として不十分です。

表計算ソフトを使って検証する

　最も有名な表計算ソフトは、皆様ご存じのMicrosoft社のExcelです。他にもいろんなメーカーから廉価版の表計算ソフトがありますし、OpenOfficeのように無料のソフトもあります。各ソフトはExcelとある程度の互換性がありますが、新しい関数が使えなかったりVBAマクロに対応していないなど、完全に同じではありません。特別な理由がないなら最も流通しているMicrosoft社のExcelを使うのが無難です。もしあなたが今まで全く表計算ソフトを使ったことがなくて、購入しても使えるか自信がないというなら、とりあえずOpenOfficeを使うのもいいでしょう。大抵のことはOpenOfficeで事足ります。そして表計算ソフトに慣れたら、Excelを購入してもいいでしょう。

　表計算ソフトでは、表がセルでできており、横のラインを「行」、

図表10-1

縦のラインを「列」と呼んでいます。この行と列、どちらが縦だったか横だったかよく忘れてしまいます。これがわからないと不便なことが多いのです。困っていたところ知人が覚え方を教えてくれました。漢字の行は、**図表10-1**の黒い部分が横に2本並んでます。だから行は横のラインです。同じく列の漢字の右側（りっとう）は縦に2本並んでいるので、列は縦のラインです。

　実際のExcelのシートでみると、**図表10-2**は行（第5行）、**図表10-3**は列（C列）を表示しています。

　では、ここから実際に検証作業をしていきましょう。ここでは株主優待銘柄の値動きを調べてみます。銘柄は鳥越製粉（2009）を使います。鳥越製粉は12月末が権利最終日で、年一回の優待です。優待内容は500株以上保有すると、自社の小麦を使ったそうめんが送られてくるというものです。自社オリジナル製品は、株主優待としては極めて正当で本来の株主優待ともいえるでしょう。しかも株主優待用に特別に作ったものであれば、他では手に入らないという希

図表10-2

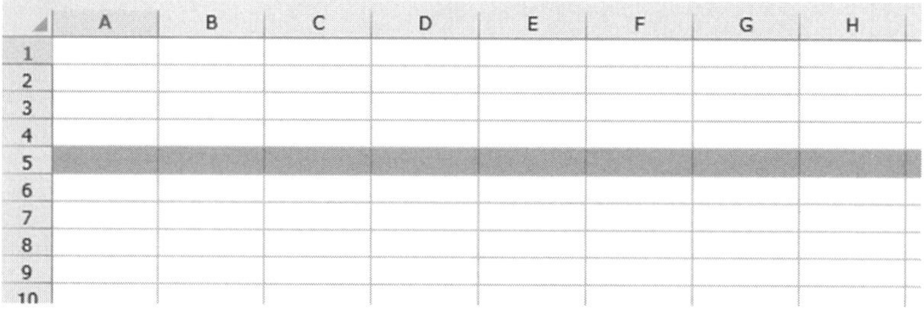

図表10-3

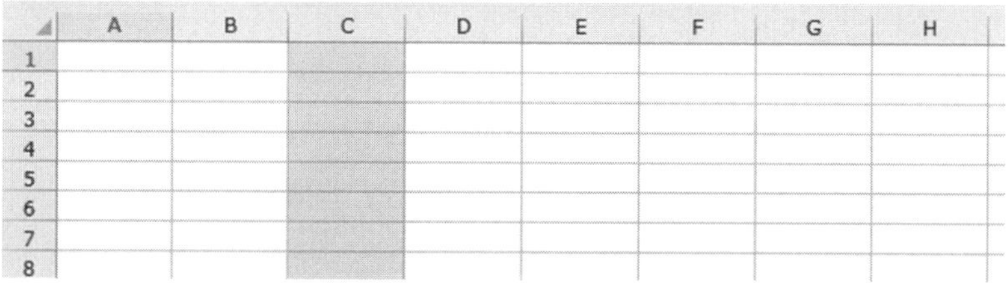

少価値もあり、人気が出やすいようです。鳥越製粉のそうめんも、そうした人気があるようです。同社は、東証一部銘柄ですが、時価総額が小さい小型銘柄で、信用銘柄ではありますが、貸借銘柄ではありません。従って、優待のそうめんが欲しい人は、空売りと買いを組み合わせたクロスの両建てという手法が使えません。権利付き最終日までに現物を保有する必要があります。このような銘柄は、権利付き最終日に向かって素直に上がることが多いです。検証の期間は2017年12月優待から10年分さかのぼって調べてみます。

まず同社の株価データを入手します。入手方法は前述したとおりですが、**図表10-4**ではパンローリングの「Pan Active Market

図表10-4

	A	B	C	D	E
7211	2016/9/16	690	690	678	682
7212	2016/9/20	680	689	680	686
7213	2016/9/21	686	699	681	699
7214	2016/9/23	700	707	695	707
7215	2016/9/26	710	710	706	708
7216	2016/9/27	703	723	702	723
7217	2016/9/28	719	730	718	729
7218	2016/9/29	728	741	728	739
7219	2016/9/30	731	745	730	740
7220	2016/10/3	740	761	740	755
7221	2016/10/4	755	774	755	774
7222	2016/10/5	774	778	760	763
7223	2016/10/6	759	776	759	774
7224	2016/10/7	773	773	756	759
7225	2016/10/11	756	769	756	764
7226	2016/10/12	749	755	721	727
7227	2016/10/13	727	746	727	742
7228	2016/10/14	734	749	734	744
7229	2016/10/17	748	756	736	753
7230	2016/10/18	752	758	746	755
7231	2016/10/19	761	764	755	763
7232	2016/10/20	765	765	758	764
7233	2016/10/21	765	770	764	768
7234	2016/10/24	770	770	763	765
7235	2016/10/25	767	770	766	770
7236	2016/10/26	769	769	758	769
7237	2016/10/27	769	770	760	763
7238	2016/10/28	768	776	760	776
7239	2016/10/31	770	776	769	774
7240	2016/11/1	772	774	769	774
7241	2016/11/2	765	770	764	768
7242	2016/11/4	768	768	760	760
7243	2016/11/7	760	770	760	762
7244	2016/11/8	762	770	759	766
7245	2016/11/9	766	768	730	730
7246	2016/11/10	772	772	762	770
7247	2016/11/11	771	776	768	774
7248	2016/11/14	771	778	771	775
7249	2016/11/15	778	778	772	776
7250	2016/11/16	776	779	774	779
7251	2016/11/17	779	780	775	779

図表10-5

	A	B	C	D
7211	2016/9/16	682		
7212	2016/9/20	686		
7213	2016/9/21	699		
7214	2016/9/23	707		
7215	2016/9/26	708		
7216	2016/9/27	723		
7217	2016/9/28	729		
7218	2016/9/29	739		
7219	2016/9/30	740		
7220	2016/10/3	755		
7221	2016/10/4	774		
7222	2016/10/5	763		
7223	2016/10/6	774		
7224	2016/10/7	759		
7225	2016/10/11	764		
7226	2016/10/12	727		
7227	2016/10/13	742		
7228	2016/10/14	744		
7229	2016/10/17	753		
7230	2016/10/18	755		
7231	2016/10/19	763		
7232	2016/10/20	764		
7233	2016/10/21	768		
7234	2016/10/24	765		
7235	2016/10/25	770		
7236	2016/10/26	769		
7237	2016/10/27	763		
7238	2016/10/28	776		
7239	2016/10/31	774		
7240	2016/11/1	774		
7241	2016/11/2	768		
7242	2016/11/4	760		
7243	2016/11/7	762		
7244	2016/11/8	766		
7245	2016/11/9	730		
7246	2016/11/10	770		
7247	2016/11/11	774		
7248	2016/11/14	775		
7249	2016/11/15	776		
7250	2016/11/16	779		
7251	2016/11/17	779		

Database」から4本値を取りました。

　4本値のうち今回は終値のみを使用するので、始値、高値、安値は削除します（**図表10-5**）。

　今回の検証では権利付き最終日を基準に前80営業日、後40営業日を使用します。まず、間違えないように権利付き最終日のセルの背景に色をつけて目印にします（**図表10-6**）。2017年の場合は12月26日が、12月の最終日になります（受け渡し日が3日後のため）。

図表10-6

	A	B	C
7508	2017/12/4	1020	
7509	2017/12/5	1039	
7510	2017/12/6	1043	
7511	2017/12/7	1048	
7512	2017/12/8	1035	
7513	2017/12/11	1044	
7514	2017/12/12	1039	
7515	2017/12/13	1038	
7516	2017/12/14	1047	
7517	2017/12/15	1043	
7518	2017/12/18	1040	
7519	2017/12/19	1008	
7520	2017/12/20	1019	
7521	2017/12/21	1025	
7522	2017/12/22	1018	
7523	2017/12/25	1013	
7524	2017/12/26	999	
7525	2017/12/27	975	
7526	2017/12/28	980	
7527	2017/12/29	992	
7528	2018/1/4	997	
7529	2018/1/5	1005	
7530	2018/1/9	1018	
7531	2018/1/10	1008	
7532	2018/1/11	1019	
7533	2018/1/12	1017	
7534	2018/1/15	1045	
7535	2018/1/16	1038	
7536	2018/1/17	1041	
7537	2018/1/18	1016	
7538	2018/1/19	1003	
7539	2018/1/22	999	
7540	2018/1/23	1005	
7541	2018/1/24	1001	
7542	2018/1/25	994	
7543	2018/1/26	1022	
7544	2018/1/29	1007	
7545	2018/1/30	988	
7546	2018/1/31	983	
7547	2018/2/1	998	
7548	2018/2/2	998	
7549	2018/2/5	970	

図表10-7

	A	B	C
7442	2017/8/28	828	
7443	2017/8/29	826	81R x 2C
7444	2017/8/30	828	
7445	2017/8/31	828	
7446	2017/9/1	830	
7447	2017/9/4	824	
7448	2017/9/5	819	
7449	2017/9/6	813	
7450	2017/9/7	819	
7451	2017/9/8	820	
7452	2017/9/11	826	
7453	2017/9/12	827	
7454	2017/9/13	826	
7455	2017/9/14	828	
7456	2017/9/15	828	
7457	2017/9/19	831	
7458	2017/9/20	839	
7459	2017/9/21	849	
7460	2017/9/22	844	
7461	2017/9/25	845	

　次に権利付き最終日から80営業日分遡ってセルをコピーします。**図表10-6**で色をつけた権利付き最終日のセルから、選択範囲の行を上にドラッグしていきます。

　ドラッグしていくと右上に四角で囲った数字が出ます（**図表10-7**）。数字が81R×2Cとなっています。これは81行と2列分を選択していることを表しています。権利付最終日も含めて81行ですから、これで権利日前80日分と、日付を含めた終値の2列分が選択されて

図表10-8

7549	2018/2/5	970
7550	2018/2/6	921
7551	2018/2/7	912
7552	2018/2/8	913
7553	2018/2/9	965
7554	2018/2/13	992
7555	2018/2/14	971
7556	2018/2/15	961
7557	2018/2/16	968
7558	2018/2/19	988
7559	2018/2/20	982
7560	2018/2/21	978
7561	2018/2/22	972
7562	2018/2/23	979
7563	2018/2/26	988
7564	2018/2/27	984
7565	2018/2/28	975	41R × 2C
7566	2018/3/1	963
7567	2018/3/2	970
7568	2018/3/5	964
7569	2018/3/6	975
7570	2018/3/7	980
7571	2018/3/8	980
7572	2018/3/9	982

図表10-9

SUM =(B80/B81)*100

	A	B	C	D	E
76	2017/12/19	1008			
77	2017/12/20	1019			
78	2017/12/21	1025			
79	2017/12/22	1018			
80	2017/12/25	1013	=(B80/B81)		
81	2017/12/26	999			
82	2017/12/27	975			
83	2017/12/28	980			
84	2017/12/29	992			
85	2018/1/4	997			
86	2018/1/5	1005			
87	2018/1/9	1018			
88	2018/1/10	1008			
89	2018/1/11	1019			
90	2018/1/12	1017			
91	2018/1/15	1045			
92	2018/1/16	1038			
93	2018/1/17	1041			
94	2018/1/18	1016			
95	2018/1/19	1003			
96	2018/1/22	999			
97	2018/1/23	1005			
98	2018/1/24	1001			
99	2018/1/25	994			
100	2018/1/26	1022			
101	2018/1/29	1007			
102	2018/1/30	988			
103	2018/1/31	983			

いるので、これをコピーして、別のシートにペーストします。同様に、権利日以後の40日分をコピーします（**図表10-8**）。四角の中の数字が41R×2Cとなったところまで選択してコピーして、先ほどペーストしたシートの同じ列の下の行にペーストします。ここからは、権利付き最終日を100として指数化を行います。**図表10-9**のように、C列に式を入力します。

　ここではB81の権利付き最終日の株価である999が基準になります。まずは、権利付き最終日の1日前になる80行の計算をします。C80に計算式を入れてみます。B80の値をB81で割って100を掛ける

図表10-10

C80　=(B80/B$81)*1(

	A	B	C	D
79	2017/12/22	1018		
80	2017/12/25	1013	101.4014	
81	2017/12/26	999	100	
82	2017/12/27	975	97.5976	
83	2017/12/28	980	98.0981	
84	2017/12/29	992	99.2993	
85	2018/1/4	997	99.7998	
86	2018/1/5	1005	100.6006	
87	2018/1/9	1018	101.9019	
88	2018/1/10	1008	100.9009	
89	2018/1/11	1019	102.002	
90	2018/1/12	1017	101.8018	
91	2018/1/15	1045	104.6046	
92	2018/1/16	1038	103.9039	
93	2018/1/17	1041	104.2042	
94	2018/1/18	1016	101.7017	
95	2018/1/19	1003	100.4004	
96	2018/1/22	999	100	
97	2018/1/23	1005	100.6006	
98	2018/1/24	1001	100.2002	
99	2018/1/25	994	99.4995	
100	2018/1/26	1022		
101	2018/1/29	1007		
102	2018/1/30	988		
103	2018/1/31	983		
104	2018/2/1	998		
105	2018/2/2	998		
106	2018/2/5	970		
107	2018/2/6	921		
108	2018/2/7	912		
109	2018/2/8	913		
110	2018/2/9	965		
111	2018/2/13	992		
112	2018/2/14	971		
113	2018/2/15	961		
114	2018/2/16	968		
115	2018/2/19	988		
116	2018/2/20	982		

図表10-11

C81　=(B81/B$81)*100

	A	B	C	D	E	F
59	2017/11/24	984	98.4985			
60	2017/11/27	989	98.999			
61	2017/11/28	994	99.4995			
62	2017/11/29	1006	100.7007			
63	2017/11/30	1011	101.2012			
64	2017/12/1	1003	100.4004			
65	2017/12/4	1020	102.1021			
66	2017/12/5	1039	104.004			
67	2017/12/6	1043	104.4044			
68	2017/12/7	1048	104.9049			
69	2017/12/8	1035	103.6036			
70	2017/12/11	1044	104.5045			
71	2017/12/12	1039	104.004			
72	2017/12/13	1038	103.9039			
73	2017/12/14	1047	104.8048			
74	2017/12/15	1043	104.4044			
75	2017/12/18	1040	104.1041			
76	2017/12/19	1008	100.9009			
77	2017/12/20	1019	102.002			
78	2017/12/21	1025	102.6026			
79	2017/12/22	1018	101.9019			
80	2017/12/25	1013	101.4014			
81	2017/12/26	999	100			
82	2017/12/27	975	97.5976			
83	2017/12/28	980	98.0981			
84	2017/12/29	992	99.2993			
85	2018/1/4	997	99.7998			
86	2018/1/5	1005	100.6006			
87	2018/1/9	1018	101.9019			
88	2018/1/10	1008	100.9009			
89	2018/1/11	1019	102.002			
90	2018/1/12	1017	101.8018			
91	2018/1/15	1045	104.6046			
92	2018/1/16	1038	103.9039			
93	2018/1/17	1041	104.2042			
94	2018/1/18	1016	101.7017			
95	2018/1/19	1003	100.4004			
96	2018/1/22	999	100			

のですから

=(B80/B81)*100

となります。これでもいいのですが、このままでは他のセルに式を入れる際にいちいち入力しなければなりません。というのは、この式を例えばC81にコピー&ペーストすると、

=(B81/B82)*100

となってしまいます。つまり割る数字のセルは、B81に固定したい

図表10-12

	A	B
5305	2008/12/5	744
5306	2008/12/8	745
5307	2008/12/9	750
5308	2008/12/10	752
5309	2008/12/11	760
5310	2008/12/12	760
5311	2008/12/15	774
5312	2008/12/16	762
5313	2008/12/17	770
5314	2008/12/18	767
5315	2008/12/19	766
5316	2008/12/22	776
5317	2008/12/24	778
5318	2008/12/25	752
5319	2008/12/26	760
5320	2008/12/29	764
5321	2008/12/30	766
5322	2009/1/5	752
5323	2009/1/6	755
5324	2009/1/7	752
5325	2009/1/8	741
5326	2009/1/9	743
5327	2009/1/13	706
5328	2009/1/14	710
5329	2009/1/15	705

のに、割る数字も割られる数字も1つずつ移動して入力されてしまうのです。これを割る数字のみを81行に固定する方法は式を

=(B80/B$81)*100

として81の前に「$」を入れます。

このように「$」を式に入れるとその直後の数字は他のセルに式をコピー&ペーストしても変わりません。これを絶対参照といいます。「$」を入れない式は相対参照といって、他のセルにペーストすると、移動分だけずれていきます。

このように、絶対参照を利用した式をひとつ作ってしまえば、あ

図表10-13

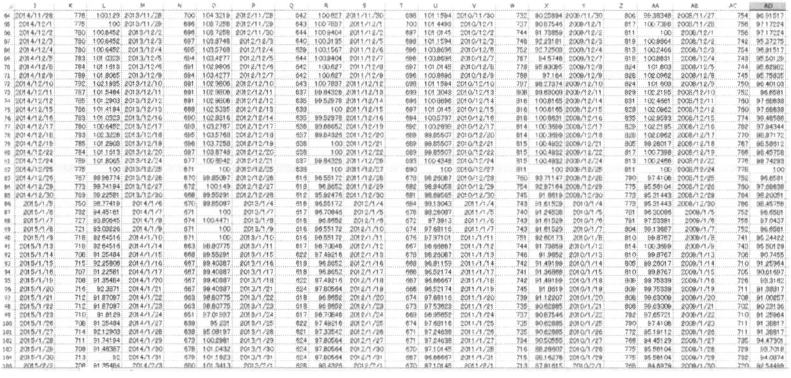

	J	K	L	M	N	O	P
64	2014/11/28	776	100.129	2013/11/28	700	104.3219	2012/11/28
65	2014/12/1	775	100	2013/11/29	696	103.7258	2012/11/29
66	2014/12/2	780	100.6452	2013/12/2	696	103.7258	2012/11/30
67	2014/12/3	780	100.6452	2013/12/3	697	103.8748	2012/12/3
68	2014/12/4	780	100.6452	2013/12/4	695	103.5768	2012/12/4
69	2014/12/5	783	101.0323	2013/12/5	694	103.4277	2012/12/5
70	2014/12/8	784	101.1613	2013/12/6	691	102.9806	2012/12/6
71	2014/12/9	789	101.8065	2013/12/9	694	103.4277	2012/12/7
72	2014/12/10	792	102.1935	2013/12/10	691	102.9806	2012/12/10
73	2014/12/11	787	101.5484	2013/12/11	691	102.9806	2012/12/11
74	2014/12/12	785	101.2903	2013/12/12	691	102.9806	2012/12/12
75	2014/12/15	786	101.4194	2013/12/13	688	102.5335	2012/12/13
76	2014/12/16	783	101.0323	2013/12/16	690	102.8316	2012/12/14
77	2014/12/17	780	100.6452	2013/12/17	693	103.2787	2012/12/17
78	2014/12/18	793	102.3226	2013/12/18	695	103.5768	2012/12/18
79	2014/12/19	785	101.2903	2013/12/19	696	103.7258	2012/12/19
80	2014/12/22	784	101.1613	2013/12/20	697	103.8748	2012/12/20
81	2014/12/24	789	101.8065	2013/12/24	677	100.8942	2012/12/21
82	2014/12/25	775	100	2013/12/25	671	100	2012/12/25
83	2014/12/26	767	98.96774	2013/12/26	670	99.85097	2012/12/26
84	2014/12/29	773	99.74194	2013/12/27	672	100.149	2012/12/27
85	2014/12/30	769	99.22581	2013/12/30	668	99.55291	2012/12/28
86	2015/1/5	750	96.77419	2014/1/6	670	99.85097	2013/1/4
87	2015/1/6	732	94.45161	2014/1/7	671	100	2013/1/7
88	2015/1/7	727	93.80645	2014/1/8	674	100.4471	2013/1/8
89	2015/1/8	721	93.03226	2014/1/9	671	100	2013/1/9
90	2015/1/9	718	92.64516	2014/1/10	671	100	2013/1/10
91	2015/1/13	718	92.64516	2014/1/14	663	98.80775	2013/1/11
92	2015/1/14	708	91.35484	2014/1/15	668	99.55291	2013/1/15
93	2015/1/15	715	92.25806	2014/1/16	667	99.40387	2013/1/16
94	2015/1/16	707	91.22581	2014/1/17	667	99.40387	2013/1/17
95	2015/1/19	708	91.35484	2014/1/20	667	99.40387	2013/1/18
96	2015/1/20	716	92.3871	2014/1/21	667	99.40387	2013/1/21
97	2015/1/21	712	91.87097	2014/1/22	663	98.80775	2013/1/22
98	2015/1/22	712	91.87097	2014/1/23	663	98.80775	2013/1/23
99	2015/1/23	710	91.6129	2014/1/24	651	97.01937	2013/1/24
100	2015/1/26	708	91.35484	2014/1/27	639	95.231	2013/1/25
101	2015/1/27	714	92.12903	2014/1/28	638	95.08197	2013/1/28
102	2015/1/28	711	91.74194	2014/1/29	673	100.2981	2013/1/29
103	2015/1/29	709	91.48387	2014/1/30	678	101.0432	2013/1/30
104	2015/1/30	713	92	2014/1/31	679	101.1923	2013/1/31
105	2015/2/2	708	91.35484	2014/2/3	680	101.3413	2013/2/1

	Q	R	S	T	U	V	W
64	642	100.627	2011/11/30	698	101.1594	2010/11/30	732
65	643	100.7837	2011/12/1	700	101.4493	2010/12/1	737
66	644	100.9404	2011/12/2	697	101.0145	2010/12/2	744
67	640	100.3135	2011/12/5	698	101.1594	2010/12/3	748
68	639	100.1567	2011/12/6	696	100.8696	2010/12/6	752
69	644	100.9404	2011/12/7	696	100.8696	2010/12/7	767
70	642	100.627	2011/12/8	697	101.0145	2010/12/8	778
71	642	100.627	2011/12/9	696	100.8696	2010/12/9	788
72	643	100.7837	2011/12/12	698	101.1594	2010/12/10	797
73	637	99.84326	2011/12/13	699	101.3043	2010/12/13	808
74	635	99.52978	2011/12/14	696	100.8696	2010/12/14	816
75	638	100	2011/12/15	697	101.0145	2010/12/15	816
76	635	99.52978	2011/12/16	694	100.5797	2010/12/16	818
77	636	99.68652	2011/12/19	692	100.2899	2010/12/17	814
78	637	99.84326	2011/12/20	689	99.85507	2010/12/20	814
79	638	100	2011/12/21	689	99.85507	2010/12/21	815
80	638	100	2011/12/22	689	99.85507	2010/12/22	815
81	637	99.84326	2011/12/26	693	100.4348	2010/12/24	815
82	638	100	2011/12/27	690	100	2010/12/27	811
83	616	96.55172	2011/12/28	678	98.26087	2010/12/28	760
84	618	96.8652	2011/12/29	682	98.84058	2010/12/29	754
85	612	95.92476	2011/12/30	681	98.69565	2010/12/30	745
86	616	96.55172	2012/1/4	684	99.13043	2011/1/4	743
87	617	96.70846	2012/1/5	678	98.26087	2011/1/5	740
88	618	96.8652	2012/1/6	672	97.3913	2011/1/6	743
89	616	96.55172	2012/1/10	674	97.68116	2011/1/7	743
90	616	96.55172	2012/1/11	676	97.97101	2011/1/11	751
91	617	96.70846	2012/1/12	667	96.66667	2011/1/12	744
92	622	97.49216	2012/1/13	678	98.26087	2011/1/13	746
93	618	96.8652	2012/1/16	668	96.81159	2011/1/14	742
94	618	96.8652	2012/1/17	666	96.52174	2011/1/17	741
95	622	97.49216	2012/1/18	667	96.66667	2011/1/18	742
96	624	97.80564	2012/1/19	666	96.52174	2011/1/19	745
97	618	96.8652	2012/1/20	674	97.68116	2011/1/20	739
98	618	96.8652	2012/1/23	673	97.53623	2011/1/21	735
99	617	96.70846	2012/1/24	669	96.95652	2011/1/24	737
100	622	97.49216	2012/1/25	674	97.68116	2011/1/25	735
101	621	97.33542	2012/1/26	671	97.24638	2011/1/26	735
102	624	97.80564	2012/1/27	671	97.24638	2011/1/27	734
103	624	97.80564	2012/1/30	670	97.10145	2011/1/28	716
104	624	97.80564	2012/1/31	667	96.66667	2011/1/31	715
105	628	98.4326	2012/2/1	670	97.10145	2011/2/1	713

	X	Y	Z	AA	AB	AC	AD
64	90.25894	2009/11/30	806	99.38348	2008/11/27	754	96.91517
65	90.87546	2009/12/1	817	100.7398	2008/11/28	756	97.17224
66	91.73859	2009/12/2	811	100	2008/12/1	756	97.17224
67	92.23181	2009/12/3	819	100.9864	2008/12/2	742	95.37275
68	92.72503	2009/12/4	813	100.2466	2008/12/3	754	96.91517
69	94.5746	2009/12/7	818	100.8631	2008/12/4	743	95.50129
70	95.93095	2009/12/8	824	101.603	2008/12/5	744	95.62982
71	97.164	2009/12/9	828	102.0962	2008/12/8	745	95.75835
72	98.27374	2009/12/10	824	101.603	2008/12/9	750	96.40103
73	99.63009	2009/12/11	829	102.2195	2008/12/10	752	96.6581
74	100.6165	2009/12/14	831	102.4661	2008/12/11	760	97.68638
75	100.6165	2009/12/15	828	102.0962	2008/12/12	760	97.68638
76	100.8631	2009/12/16	835	102.9593	2008/12/15	774	99.48586
77	100.3699	2009/12/17	829	102.2195	2008/12/16	762	97.94344
78	100.3699	2009/12/18	828	102.0962	2008/12/17	770	98.97172
79	100.4932	2009/12/21	805	99.26017	2008/12/18	767	98.58612
80	100.4932	2009/12/22	817	100.7398	2008/12/19	766	98.45758
81	100.4932	2009/12/24	813	100.2466	2008/12/22	776	99.74293
82	100	2009/12/25	811	100	2008/12/24	778	100
83	93.71147	2009/12/28	790	97.4106	2008/12/25	752	96.6581
84	92.97164	2009/12/29	775	95.56104	2008/12/26	760	97.68638
85	91.8619	2009/12/30	773	95.31443	2008/12/29	764	98.20051
86	91.61529	2010/1/4	773	95.31443	2008/12/30	766	98.45758
87	91.24538	2010/1/5	781	96.30086	2009/1/5	752	96.6581
88	91.61529	2010/1/6	791	97.53391	2009/1/6	755	97.0437
89	91.61529	2010/1/7	804	99.13687	2009/1/7	752	96.6581
90	92.60173	2010/1/8	810	99.8767	2009/1/8	741	95.24422
91	91.73859	2010/1/12	814	100.3699	2009/1/9	743	95.50129
92	91.9852	2010/1/13	810	99.8767	2009/1/13	706	90.7455
93	91.49199	2010/1/14	805	99.26017	2009/1/14	710	91.25964
94	91.36868	2010/1/15	810	99.8767	2009/1/15	705	90.61697
95	91.49199	2010/1/18	809	99.75339	2009/1/16	726	93.3162
96	91.8619	2010/1/19	809	99.75339	2009/1/19	711	91.38817
97	91.12207	2010/1/20	808	99.63009	2009/1/20	708	91.00257
98	90.62885	2010/1/21	808	99.63009	2009/1/21	702	90.23136
99	90.87546	2010/1/22	792	97.65721	2009/1/22	710	91.25964
100	90.62885	2010/1/25	790	97.4106	2009/1/23	711	91.38817
101	90.62885	2010/1/26	772	95.19112	2009/1/26	711	91.38817
102	90.50555	2010/1/27	766	94.45129	2009/1/27	735	94.47301
103	88.28607	2010/1/28	775	95.56104	2009/1/28	729	93.7018
104	88.16276	2010/1/29	775	95.56104	2009/1/29	732	94.0874
105	87.81615	2010/2/1	768	94.6979	2009/1/30	720	92.54499

とはC列すべてにコピー&ペーストすればいいのです。この場合も、一つひとつのセルをペーストするのではなく、オートフィルという機能を使って一気にペーストできます（**図表10-10**参照）。

これで、2017年分の検証が終わりました（**図表10-11**）。これを2008年までの10年分、列を変えて同じことを行います。ただし注意しなければならないのは、2009年11月16日以前は、売買から受け渡し日まで5日という制度でした。したがって、この日までは権利付き最終日が、月末から数えて1日だけ前にずれるのです。今回の例では、2009年の12月は現行制度ですが、2008年分は、1日前にずれます（**図表10-12**）。

このように10年分揃って完成したのが**図表10-13**です。

今度はこれをわかりやすく表示するために、10年間の平均値のグラフを作ってみます。まずシートのすべてを選んでコピーします。それを別の新しいシートにグラフ用としてペーストするのですが、

図表10-14

そのときに、「形式を指定して貼り付け」というメニューを選びます。そして、ペーストするのは値だけで、演算をしない設定にします（**図表10-14**参照）。

シートの最初のA列に10年間の平均値を計算させます。式は

=(AVERAGE(B2:K2)

とします。

ここでは平均値を出すAVERAGEという関数を使っています。セルB2からK2までの10年分の平均値がこれで表示されます（**図表10-15**参照）。

これもオートフィルを使ってA列のすべての行にペーストします（**図表10-16**参照）。

図表10-15

	A	B	C	D	E	F	G	H	I	J	K	L
1		2017	2016	2015	2014	2013	2012	2011	2010	2009	2008	
2	92.99899	82.88288	80.81181	93.93548	90.19355	92.25037	96.0815	101.3043	92.47842	92.72503	107.3265	
3		82.88288	81.18061	93.03226	90.32258	92.3994	94.51411	101.4493	93.95808	92.35512	105.7841	
4		83.08308	82.65683	94.06452	90.32258	91.50522	94.04389	101.4493	90.13564	92.23181	105.527	
5		82.48248	83.39483	93.93548	90.19355	91.80328	92.47649	101.4493	90.87546	92.47842	106.6838	
6		81.98198	83.76384	92.3871	91.22581	92.54844	92.47649	101.4493	92.23181	91.9852	104.1131	
7		81.38138	84.25584	92	91.6129	92.10134	92.47649	101.4493	90.13564	91.36868	99.48586	
8		81.98198	85.48585	91.87097	91.09677	91.80328	92.47649	101.8841	92.10851	91.24538	102.4422	
9		82.08208	85.48585	91.74194	90.83871	92.10134	92.94671	101.4493	92.10851	90.38224	98.58612	
10		82.68268	85.73186	91.6129	91.48387	92.69747	93.73041	101.5942	89.88903	90.13564	100.2571	
11		82.78278	85.11685	90.32258	92	93.14456	95.29781	100.8696	91.73859	90.87546	101.1568	
12		82.68268	84.25584	92.3871	92.77419	92.99553	95.29781	100.7246	92.10851	90.38224	100.2571	
13		82.88288	83.76384	91.87097	92.64516	93.14456	95.14107	101.4493	90.99877	91.36868	101.5424	
14		82.88288	83.88684	92.12903	92.3871	93.44262	97.33542	101.0145	91.12207	90.87546	97.81491	
15		83.18318	83.64084	92	92.51613	93.29359	95.29781	101.5942	91.73859	90.50555	99.87147	
16		83.98398	83.88684	92.3871	92	93.44262	97.02194	102.3188	91.49199	91.24538	94.60154	
17		84.98498	84.37884	92.77419	92.90323	94.03875	96.39498	102.4638	92.10851	90.25894	96.27249	
18		84.48448	85.97786	93.29032	93.93548	94.63487	96.55172	101.4493	91.36868	91.36868	102.8278	
19		84.58458	86.96187	93.93548	93.67742	93.88972	96.23824	101.0145	90.75216	91.73859	102.8278	
20		85.48549	87.06487	92.12903	92.12903	94.63487	95.61129	101.1594	90.13564	93.58816	99.10026	
21		86.08609	88.92989	93.93548	94.06452	95.82712	97.80564	103.6232	93.34155	91.73859	97.94344	
22		87.08709	89.6679	95.09677	93.80645	95.82712	98.90282	104.4928	93.21825	94.94451	97.55784	
23		87.28729	90.89791	93.67742	93.93548	95.52906	97.49216	105.842	94.5746	94.45129	95.75835	
24		87.38739	91.02091	94.96774	93.67742	95.52906	97.02194	105.5072	92.60173	95.56104	94.0874	
25		86.88689	92.86593	95.87097	93.93548	95.38003	96.23824	102.8986	91.61529	94.94451	92.28792	
26		86.48649	95.20295	96.3871	92.90323	95.38003	95.45455	102.4638	91.36868	94.5746	95.75835	
27		86.58659	93.84994	97.93548	92.77419	95.08197	95.45455	100.8696	92.10851	97.4106	92.67352	
28		87.38739	95.20295	98.83871	93.80645	94.7839	95.45455	101.7391	92.24538	95.93095	90.23136	
29		88.88889	93.35793	99.22581	93.93548	95.08197	95.45455	100.1449	92.47842	94.82121	91.25964	
30		88.88889	93.97294	96.77419	93.03226	95.08197	95.29781	101.4493	90.13564	93.34155	91.00257	
31		89.08909	89.42189	99.09677	91.74194	95.67809	95.45455	101.0145	87.17633	93.71147	83.80463	
32		89.78979	91.26691	98.45161	90.70968	96.57228	95.61129	101.0145	86.92972	95.93095	86.37532	
33		90.19019	91.51292	96.90323	89.67742	96.27422	96.55172	101.0145	88.40937	95.19112	84.8329	
34		89.38939	92.61993	98.96774	89.80645	96.27422	96.8652	101.1594	87.05302	97.2873	96.14396	
35		89.18919	92.86593	99.48387	89.16129	97.01937	97.80564	100.8696	88.03946	96.91739	96.01542	
36		87.08709	93.84994	98.96774	88.3871	96.57228	98.74608	101.3043	87.66954	98.64365	91.38817	

　これでA列を選択して折れ線グラフボタンを押せば、グラフが表示されます。フォントの大きさや色などは好みで変えてみましょう。**図表10-17**は、完成したグラフです。わかりやすいように、権利付き最終日に縦線を入れています。ここの値は必ず100になります。グラフを見ると、権利付き最終日前50日あたりが底で、権利付き最終日前8日あたりが天井になっているのがよくわかります。10年間の平均値がこの値ですので、これを参考に売買ルールを作ってみます。過去データでは、権利付き最終日50日前に買って、権利付き最

図表10-16

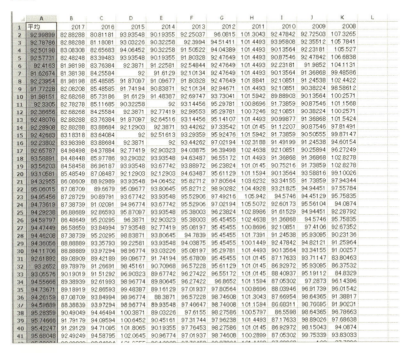

終日に売れば、平均で7％程度の利益が得られたことになります。でも実際には利益になった年もあれば損失になった年もあるのが普通です。そこで、権利日50日前のデータをシートでみてみます。

図表10-18では、50日前の行の色をグレーにしています。これをみると2011年以外では、数字が100未満になっています。この行の数字は権利付き最終日を100とした数値ですから、この日に買って、権利付き最終日に売れば利益がでることになります。それが2011年のみ1％程度マイナスになるだけで、後の年はすべてプラス

図表10-17

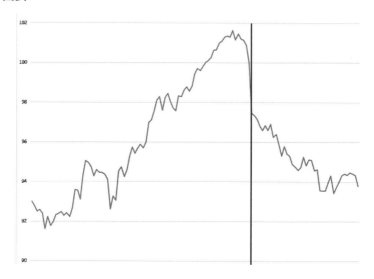

ですから9勝1敗で勝率90％になります。サンプルが10個しかないので、統計的には心許ないのですが、それでも立派な数字だと言えます。

さらに売る日を権利付き最終日ではなく、その8日前ならば、もっと利益率が良くなります。最適化した売買ルールとして、「権利付き最終日50日前に買って、権利付き最終日9日前に売る」というシンプルなルールができました。この銘柄は小型株なので、皆が同じルールを使うと、値段が飛んでしまうことも考えられますので、そのあたりは臨機応変に実践することをお勧めします。

図表10-18

	A	B	C	D	E	F	G	H	I	J	K	L
1	2008	2009	2010	2011	2012	2013	2014	2015	2016	2017	平均	
20	99.10026	93.58816	90.13564	101.1594	95.61129	94.63487	92.12903	92.12903	87.08487	85.48549	93.10581	
21	97.94344	91.73859	93.34155	103.6232	97.80564	95.82712	94.06452	93.93548	88.92989	86.08609	94.32955	
22	97.55784	94.94451	93.21825	104.4928	98.90282	95.82712	93.80645	95.09677	89.6679	87.08739	95.06015	
23	95.75835	94.45129	94.5746	105.942	97.49216	95.52906	93.93548	93.67742	90.89791	87.28729	94.95456	
24	94.0874	95.56104	92.60173	105.5072	97.02194	95.52906	93.67742	94.96774	91.02091	87.38739	94.73619	
25	92.28792	94.94451	91.61529	102.8986	96.23824	95.38003	93.93548	95.87097	92.86583	86.88689	94.29238	
26	95.75835	94.5746	91.36868	102.4638	95.45455	95.38003	92.90323	96.3871	95.20295	86.48649	94.59797	
27	92.67352	97.4106	92.10851	100.8696	95.45455	95.08197	92.77419	97.93548	93.84994	86.58659	94.47449	
28	90.23136	95.93095	91.24538	101.7391	95.45455	94.7839	93.80645	98.83871	95.20295	87.38739	94.46208	
29	91.25964	94.82121	92.47842	100.1449	95.45455	94.03875	93.93548	99.22581	93.35793	88.88889	94.36056	
30	91.00257	93.34155	90.13564	100.1493	95.29781	95.08197	93.03226	98.96774	93.97294	88.88889	94.11706	
31	83.80463	93.71147	87.17633	101.0145	95.45455	95.67809	91.74194	99.09677	89.42189	89.08909	92.61892	
32	86.37532	95.93095	86.92972	101.0145	95.61129	96.57228	90.70968	98.45161	91.26691	89.78979	93.2652	
33	84.8329	95.19112	88.40937	101.0145	96.55172	96.27422	89.67742	96.90323	91.51292	90.19019	93.05576	
34	96.14396	97.2873	87.05302	101.1594	96.8652	96.27422	89.80645	98.96774	92.61993	88.38939	94.55666	
35	96.01542	96.91739	88.03946	100.8696	97.80564	97.01937	89.16129	99.48387	92.86593	89.18919	94.73671	
36	91.38817	98.64365	87.66954	101.3043	98.74608	96.57228	88.3871	98.96774	93.84994	87.08709	94.26159	
37	91.90231	98.76695	86.68311	101.1594	98.74608	97.46647	93.93548	98.96774	93.97294	88.38839	94.59889	
38	96.78663	98.64365	86.5598	100.5797	98.27586	97.6155	89.03226	100.3871	94.46494	90.49049	95.28359	
39	97.68638	98.89026	87.17633	101.4493	97.96238	97.31744	90.45161	100.6452	94.08584	91.79179	95.74666	
40	94.0874	98.15043	86.92972	101.0145	98.27586	97.76453	90.19355	101.8065	94.71095	91.29129	95.42247	
41	93.83033	99.75339	87.05302	100.2899	98.74608	97.01937	90.96774	102.0645	94.58795	92.49249	95.68048	
42	87.7892	100	87.29963	101.4493	99.37304	97.76453	96.1293	101.9355	93.84994	93.29329	95.88834	
43	86.24679	98.76695	86.4365	101.7391	99.84326	97.6155	96.72581	102.3226	95.44895	93.39339	95.70389	
44	90.61697	98.64365	86.4365	101.4493	95.76803	98.80775	97.41935	102.1935	95.20295	93.39339	95.99314	
45	94.98715	99.26017	86.5598	101.4493	97.6489	99.10581	98.06452	102.0645	95.20295	95.3954	96.97385	
46	96.91517	99.75339	86.5598	100.8696	98.74608	97.16841	100.2581	101.0323	94.46494	95.4955	97.12632	
47	98.97172	99.75339	87.17633	101.0145	99.68652	98.21162	98.45161	102.3226	93.48093	96.5966	97.56658	
48	101.4139	99.75339	88.03946	101.3043	99.2163	98.76873	98.96774	102.5806	93.72694	97.1972	98.11567	
49	102.6992	99.01356	88.40937	100.7246	98.74608	98.36066	98.06452	103.7419	94.21894	98.999	98.29779	
50	101.4139	98.64365	88.16276	101.4493	98.74608	97.76453	98.83871	104.2581	89.7909	96.7968	97.60214	
51	101.671	99.01356	90.01233	100.5797	98.11912	98.55678	98.83871	103.871	94.71095	96.7968	98.25699	
52	102.3136	98.89026	90.01233	100.8696	97.49216	99.40387	99.09677	104.3871	95.20295	96.8969	98.45655	
53	100.7712	98.52305	90.01233	101.1594	96.39498	98.58065	104.129	95.32585	96.6967	98.03968		
54	99.87147	98.27374	88.77828	101.1594	96.55172	99.70194	100	104.2581	95.44895	93.19319	97.72370	
55	95.50129	98.15043	89.1492	100.7246	97.17868	100.5961	100.2581	104.9032	95.81796	93.69369	97.59733	

資金管理と収益目標

　それだけ素晴らしいルールを作っても、途中で資金がなくなれば、その後どれだけ挽回できたとしても机上の空論になってしまいます。このためにシステムトレードでは、過去のドローダウンを重視します。特に過去の検証で最も大きなドローダウン（＝MDマキシマムドローダウン）程度の損失は未来においても必ず起こるものと考えます。少なくとも過去のドローダウンの2倍程度損失を受けても問題のない資金量で運用を開始すべきです。

言い換えると、資金量に対して過大なポジションを持ってはいけないということです。買いだけのポジションなら最大でもレバレッジをかけずに資金量の半分程度までが限界です。例えば、1,000万円の資金が証券口座にあるのなら、株の買い建ては500万円までということです。証拠金ベースではなく、実際の株価での計算です。これを通常は1/3程度までに抑えるべきでしょう。レバレッジを掛けないと儲からないじゃないかと思うかもしれませんが、相場を実践する上で最も大事なのは、生き残ることです。

　イベントドリブンは長年にわたってコツコツ溜め込んでいく手法だと思います。筆者もそうですが、値動きの激しいコモディティの先物を経験してきたトレーダーは、資金管理に非常に慎重です。そんなトレーダーとの話の中で出る話題でこういうのがあります。「株がブームになると、大勢の人が相場に参集してくるが、株式から相場の世界に入った人は、資金量いっぱいに売買する人が多くて危なっかしい。とても彼らの真似はできないなあ」というものです。

　また、投資誌ではない一般の雑誌に載っていたことです。デイトレードで生活していくには幾らくらい資金を用意すれば良いのかと、自称現役デイトレーダーに雑誌編集者が質問したところ「100万円あれば可能です」との回答でした。100万円で専業トレーダー！驚くような話です。１年間の生活費はどんなに少なくとも一人200万円は必要でしょう。その最低限度でも１年間で資金を３倍まで膨らませなければなりません。年間損益率100％でも、資金は２倍です。かなり優秀なヘッジファンドでも年間100％を毎年安定的に出しているところはそうそうありません。100万円で専業デイトレーダー

というのがいかに無謀かがわかると思います。

　筆者が、コモディティのサヤ取りをやっていた頃から、「年間の収益目標はどれくらいですか？」と聞かれたら大体30％くらいです。と答えています。これは今でも同じです。イベントの場合、レバレッジをかければもっと稼ぐことはできるかもしれませんが、安全のマージンと、毎年利益にするということを考えれば、これでも充分だと考えています。それでも毎年この水準をキープするのは簡単ではありません。

損切りについての考え方

　日本で損切りという考えかたが一般の投資家にまで広まったのは、それほど昔のことではありません。1990年代の終わりころから、主にパンローリングから米国のトレードの書籍がたくさん翻訳されました。

　米国のトレード書では、損切りのことが頻繁に出てきます。特に資金管理の観点からの損切りを推奨しているものが多くあります。この時代以前にももちろん損切りの概念はあったのですが、売買のプロ向きの思考でした。パンローリングから出版された最初のトレード本は、『リンダラリーの短期売買入門』です。この本が出版された1999年以前の相場本で損切りのことが書かれた本は日本にはほとんどないはずです。

　今では短期売買を中心に中長期の投資に至るまで損切りの概念は、投資家に浸透していると思いますが、これはたかだか20年程度の歴

史しかないことです。昔は、利益になった株はすぐに売却。損勘定になっている株は持ち続けて、いわゆる「塩漬け」にする。これが良くないことだという認識もあまりなかったように思われます。恐らくこの20年で、一般の投資家のレベルは随分上がったのではないでしょうか。

さて、システムトレードにおいて、検証した結果からルールを導き出したとします。そこに損切りのルールを加えれば、ほぼ例外なく損益のパフォーマンスは下がります。当初のルールが過去の検証結果によって最適化されているの、そこに全く別の損切りルールを加えれば、劣化するのはあたりまえです。もちろん資金管理上、そうするのだという考え方もあるでしょう。イベントドリブンでの損切りの考え方ですが、まずは「イベントのシナリオが狂ったとき」があげられます。極端にいえば、イベントそのものがなくなってしまったり、銘柄がイベントに該当しなくなったようなケースです。

次に、「イベントの賞味期限が切れたとき」です。例えば第7章で取り上げた事件事故や天災は、日が過ぎるに従って影響が薄れてきます。この場合、ある程度に日数が経過すれば例え自分のポジションが損勘定になっていようとも、どこかで損切りしなくてはなりません。つまり、イベントドリブンでは、エッジが消えたり、薄くなってきたら、ポジションを解消せねばならないのです。

少々話が脱線しますが、今から20年近く前に、この「時間経過による損切り」をシステマチックに使っている様子を見せてもらったことがあります。その方は、NASDAQの個別株を専門に売買している個人トレーダーでした。当時最先端のニューラルネットワーク

（現在でいうAIのようなもの）を使って、数分先の価格の動きを予測するモデルでした。仕掛けと同時に数分後の相場の方向と値幅を予測して、決済の注文を出します。非常に精度の良いシステムに驚愕したものですが、このシステムのもう一つのキモは、一定時間が経過すれば、損益に関係なく手仕舞いするというものでした。つまりこのシステムは、数分後の株価の方向を高い確度で予測はできるが、さらに時間が経過してしまうと急速に精度が落ちてくる性質を持っていたのです。一定時間経過後にシステムが予測したエッジはなくなってしまうので、手仕舞いをするという考え方です。

「時間経過によりエッジがなくなればポジションを切る」という考え方は、その後、筆者のトレードに大きな影響を与えました。一般的な投資と比べると、イベントが作り出すエッジは、単純なものが多いので、エッジ消失により損切りして撤退することに対して迷うことは少ないと思います。これが他の手法だと、ポジションを保持する理由がいくつもあるために、例え一つふたつエッジが消えても撤退の判断が難しくなります。これはイベントドリブンが他の手法に比べて、取り組みやすい理由の一つでしょう。

第11章
売買の上達を目指して

ビジネスとしての売買

　筆者が相場を覚えたての頃、先生から売買を教えてもらう前に言われた言葉があります。それは「あなたがビジネスとして相場を考えているのなら、ビジネスとしての売買のやり方を教えます」というものです。この言葉は今でも筆者が相場を考える上での基本です。毎年毎年、安定的に稼ぐようになることがビジネスとしての売買の目的です。いわば商売人のように、相場から利益を得ることが目的です。商売人とは、玄人つまりプロフェッショナルです。

　そのために相場から、遊びの要素・アマチュアの要素を徹底的に排除しなければならず、きちんと筋道を立てた練習が必要になります。売買の技術は自分で取得するものです。ここでいう練習とは、いわゆるデモトレードのことではありません。畳の上で水泳の練習をしても意味がないのと同じで、損益が実際に発生しない架空売買など役に立たないのです。実際の売買では、メンタルなどが損益を左右します。

基本の売買練習

　イベントドリブンの売買でも、売買技術の上手い下手で損益が大きく変わってきます。同じイベントの売買をやっても、利益になる人と損失で終わる人が出てくることがあります。例えば公募増資のイベントで、圧倒的に上手い売買をする人がいます。値動きに対する対応が非常に上手いのです。この人は、ほぼ公募増資を専門に売

買しているのですが、おそらく過去の経験の繰り返しから対応の仕方が身についているのでしょう。

　では実際にイベントドリブンの売買で練習をするにはどうすればいいのでしょうか。それには「単純化と集中と徹底した繰り返し」が必要です。まずは売買対象を絞り込みます。これは売買を単純にするためです。第5章で紹介した株主優待の買いは最初に手がけるには良いイベントだと思います。売買は、買いポジションだけで対応できますし、出口戦略もしっかりしています。

　公募増資のように空売りを伴うイベントは、練習として真っ先に手がけるには不適当かと思います。もしあなたが株主優待の売買から入るなら、練習中はほかの売買をやってはいけません。これが「集中」です。そして、株主優待の売買を何度も繰り返します。

　買い方も、一番最初は最低単元の100株だけ買って、権利最終日までに売ります。次の段階では2回に分けて買ってみます。分割売買です。この時も2回と決めたら3回目は買ってはいけません。単純売買から少しずつ複雑に順序立てることが大事です。

　このように書くと、ほとんどの方は「そんなまどろっこしいことできるか！」と思うでしょう。今から少しだけ昔の話、師弟関係で相場を習った人は師匠から言われて皆こんなことをやってきたはずです。2002年にフジテレビで放映されたドラマ『ビッグマネー！〜浮世の沙汰は株しだい〜』（原作は石田衣良著『波のうえの魔術師』）に出てくる相場師は、弟子に対して基本を繰り返して勉強させていました。ドラマの相場師のモデルと言われている故林輝太郎先生も、徹底して基本を繰り返すことを説いておられました。

そして、初めは単純な売買から徐々に複雑な売買へと進みます。先生曰く、「多くの人は初めから難しいことをやろうとして失敗する。基本ができていないのに、いきなり上級者がやるようなことをしてうまくいくはずがないだろう」と。一度売買に変なクセがついたら治りません。間違った学習をしてしまった人は、全くの初心者が正しい方法で相場を勉強するより、倍以上の時間がかかるとも言われております。

プライドは上達の妨げになる

　プライドが高い人はトレードや投資に向いていない人の典型だとよくいわれます。林輝太郎先生の名言に、「相場は失策の連続」というのがあります。どんなに売買が上手い人でもすべてが自分の思うままにはなりません。見通しが間違っていた時は、「間違ってましたごめんなさい」ということで、損切り撤退しなければならない場面があります。そんな時プライドが邪魔をして、判断を遅らせれば致命的なことにもなりかねません。

　また自分が上手いトレーダーだという自惚れがあると向上心がなくなってしまい上達しません。友人にこの世界では名の知れた機関投資家のファンドマネージャーTさんがいます。氏は最高学府を卒業して投資銀行、ヘッジファンド、CTAなどで活躍した、「プロ」です。そんなTさんがある個人投資家向けセミナーの後、手書きのノート片手に講師を質問ぜめにしていました。こんなすごい人でも、聞くことを恥とせず、学んでやろうとする姿勢にひどく感動しまし

た。以来、私もこの「学んでやろう」という姿勢は絶対に崩しません。質問ぜめにするには、かなり予習をしておかないと困難です。私も著名な投資家などに初めて会う前には、なるべく著書を読んでから会うようにしています。直接話を聞くことができるチャンスは活かさないといけません。

謙虚さが大事

　短期間で急激に大きな利益を得た人の中に、他人を見下す人が時々います。生活も派手でやたらと豪遊するようです。対して永年相場で利益をコツコツあげてきた人はおおむね謙虚だと思います。普段の生活も地味です。筆者のまわりで、10年以上つきあいのあるトレーダーには、クセの強い人はいますが傲慢な人はいません。相場で上げる利益は長い眼で見ると波があります。当然、好調なときもあれば、悪い時もあります。儲かっているからと、他人に対して尊大に振る舞えば、自分の調子が悪いときに叩かれます。余計なプレッシャーを背負って相場に取り組めばそれはハンデになります。また相場に関係のない一般の人に偉そうにすれば、「あぶく銭で儲けやがって」とさげすまれるのが落ちです。

　私たちトレーダーや投資家が思っているほど、日本では相場に対する世間の受けは良くありません。博打と同様に思っている人も多いのが現実です。アメリカでは、著名な投資家やトレーダーは尊敬の対象になっていますが、日本ではまだまだそんな環境ではありません。今から15年以上前のITバブルの際にも、大きな利益をあげ

てまわりからちやほやされたトレーダーが数人いました。メディアにも出てIT長者とか言われていました。結局その人たちのほとんどは消えていきました。稼いでいる時期こそ謙虚になるべきだと思います。もちろん傲慢さがそのまま売買に出たら、目も当てられません。

試し玉の効能

　完全にシステマチックではないトレードでは、相場の値動きから受け取る「感覚」が大事です。「場味(ばあじ)」という言い方をする人もいます。これがポジションを取る前と取った後では、値動きから受ける感じ方が全然違います。このような感覚はトレード経験者の多くが感じるはずです。そこで、昔の相場師と言われる人達は、最初に「試し玉」を建てるというやり方をすることがありました。全くポジションを持っていないと、感覚がわからないからです。人によっては、試し玉を建てることを「偵察機を飛ばす」という言い方をするようです。こちらのほうが理解しやすいかも知れません。

　試し玉は、昆虫の触角のような働きをします。この玉の損益は気にしません。あくまで様子見のための建て玉です。まず試し玉を建ててみて、良い感覚を得られたら本玉を建てます。そうすることで場から受ける感覚を研ぎ澄まそうとするのです。反対にポジションが巨大になると、それはそれで感覚がおかしくなります。大玉を張ることで恐怖感が出てくるからです。特に大玉に利が乗り始めると、値洗い利益を失うことが怖くなって少しの逆行を変に気にするよう

になり、やはり正常な感覚ではいられなくなります。ある程度メンタルが鍛えられていないと、ポジションに不安が付きまといます。これは慣れることである程度解消されますが、心配で夜寝られないほどのポジションであるなら明らかに建てすぎでしょう。

売買日誌をつけましょう

　売買というのは、極めて個人的なものです。自分が相場の流れから受けた感情というのは自分でしかわかりません。この感情の部分を文章として記録していくことが大事です。例えば、自分のポジションが大きく逆行した際に、精神的にきつくて食欲すらなくなった。などということもあろうかと思います。しかし、翌日、相場が反転して一気に利益勘定になれば、昨日のことなど忘れてしまいます。まさに「のど元過ぎれば熱さを忘れる」です。

　感情は、すぐに忘れてしまい記憶としては残りにくいのです。必ず、売買をしたその日のうちに日誌はつけましょう。本当はノートへの手書きを推奨したいのですが、パソコンやスマホでの記録でも構いません。実行することが大事です。

出口戦略が大事

　筆者はセミナー講師をする機会があります。セミナー終了後には熱心な受講者が質問に来られます。しかし質問や会話の中で「こちらの意図が受講者に充分に伝わっていないなぁ」と感じることがあ

ります。私の説明不足ではありますが、イベントを相場の「材料」のひとつのように捉える方が、たまにおられます。テーマ株のテーマと同列に考えられるようです。

　イベントを材料と考えることは、私が本書で述べているイベントトレードとはどう違うのでしょうか？　それは、出口戦略の有無だと考えます。よしんば、思いどおりにその銘柄が上がったとしても、どのタイミングで利食えばよいのでしょう？　明日も上がるのか？　今がそのタイミングなのか？　かならず迷うと思います。その迷いは、出口戦略のなさによって生じています。仕掛ける前から手仕舞のタイミングを決めていればそのようなことは起こりません。

　もちろん損切りの場合も同じです。事前に検証作業を行って、最適な戦略を作っておけば、迷うことはあまりないはずです。検証作業はシステムトレードの専売特許のように思っている人もいるようですが、裁量のトレードをする場合でも検証作業は必須だと思います。

　出口戦略である手仕舞いの大事さは、ある相場師のこの言葉に集約されています。「世の中のほとんどの株の本には、株を買うタイミングにばかり触れてそれを売るタイミングについては触れていない。けれど売るタイミングのほうが遥かに大事なんだ。買った株の損益は売るタイミングによって決まるのだから」

モチベーションを保つには

　トレードは、人と一緒にやるものではないので、検証作業もふく

めて孤独な作業です。やる気が持続しないと、単調な作業はつらいものです。そこで、例えばトレーダー同士の親睦会やオフ会、セミナーなどに出席するというのはいかがでしょうか。他のトレーダーにも同じような境遇の人はたくさんいるので、そんな人たちと情報交換するだけでモチベーションが上がります。普段SNSで会話する人同士でも、直接会うとやはり違うものです。ただ注意すべきなのは、決して「傷の舐め合い」になってはいけないということです。皆で損をすれば怖くないというような、変な安心感をもつようでは困ります。向上心のある人と付き合いましょう。

どんな勉強をすれば良いのか

　トレードの勉強と投資の勉強は全く違います。本書はトレードの本ですのでトレードについての勉強方法を述べています。一般的に投資の場合の勉強とは、ファンダメンタルズやテクニカルについて学ぶことを指しています。イベントドリブンの場合、ファンダメンタルズの勉強は後回しで構いません。第8章で述べたようにイベントを見つける手段として、ファンダメンタルズの知識はあったほうがいいのですが、売買法だけに限っていえば、ファンダメンタルズの知識は不要です。
　一般的な中長期の投資をするなら、もちろんファンダメンタルズは必須です。ファンダメンタルズが変化するのは、相当の時間を要します。従って、デイトレードや数日間のスイングトレードの期間中に変化することは、通常ありません。例外的に決算発表や業績の

修正があると、短期間で見かけ上のファンダメンタルズが変化しますが、トレーダーを志すあなたにとってファンダメンタルズの勉強をする前にするべきことがたくさんあります。

ではテクニカルについてはどうでしょうか？ テクニカル分析の方法は、たくさんあり、それぞれに特徴があるのですが、これも売買判断にあたっては必要最小限で構いません。売買しようとしている銘柄が、大雑把に上げトレンドなのか下げトレンドなのかが分かれば充分です。

その判定をするには、例えば、現在の株価が200日移動平均線の上にあれば、上げトレンド。下にあれば下げトレンド、という判定をするのもシンプルで良い方法だと思います。テクニカルでトレンドを測定する方法はたくさんあるのですが、完全なものはありません。複雑な計算を要する方法が精巧なのかといえば、そうでもないようです。ならばなるべく単純な方法で測定するほうが、良いのではないでしょうか。

時に、売買方法を組み合わせようとするのが好きな人がいます。例えば2種類以上のテクニカルを組み合わせて使うようなやり方です。しかしほとんどの場合うまくいきません。理由は、それぞれの特徴が相殺されてしまう場合があることや複雑になりすぎて用を足さないことなどです。同様に、イベントドリブンに他の手法を組み合わせてみても、売買が複雑になりますし、売買頻度が減るだけで、チャンスを潰してしまう可能性すらあります。トレードは複雑にすればするほど、難易度が高くなってしまいます。

では、まず何を勉強すればいいのかというと、売買の技術です。

イベントドリブンでは、手仕舞いは一度に一括して行うケースも多いのですが、仕掛けの方法は、色々なやり方があります。例えば、株主優待を利用したイベントは比較的売買の期間が長いのです。

これを一度に買って一度に手仕舞いするという単純な方法の他に、上げに乗じて買う株数をどんどん増やしていく方法、同じく上げに合わせて買うにしても、押し目を待って、何回かの押し目で、分割して買っていく方法、値段に構わず、毎週買っていく方法などがあります。また、全部で1,000株買う予定だったとすると、最初に500株買って、2回目に500株買うという均等分割、最初は、100株買って、次に200株、その次は300株、最後に400株と増やしていくピラミッディングと呼ばれる方法があります。これらを実際に実践しようとするとそれぞれに心理的な抵抗があってできなかったり、逆に予定より多く買ってしまったりするかもしれません。こればかりは、やってみないと理解できないと思います。

その人の性格にあった売買の方法というものがあります。最初より株価が上がってしまうとどうしても2回目以降の買いが入れられない。つまりせっかく、利が乗った状態なのに乗せで買うと、少し下がっただけで利が剥がれるので怖くて買えないといったようなことが、人によっては起こるわけです。そんな人には、押し目で買うほうが心理的な抵抗が少ないのです。

このことについてはいくら書いても、畳の上の水泳と同じなので、とりあえず練習としての売買を実践してみて、自分に合った方法をみつけるしかないのです。

相場全体の予想は捨てる

　他の手法同様イベントドリブンの場合でも多少なりとも、全体の相場の影響を受けます。TOPIXや日経225といった指数が上げ調子であるなら、株主優待銘柄も上げが加速するといった具合です。相場全体の予想ができれば、売買成績が上がると考える人がいるかもしれません。たとえば政治経済や国際情勢を分析して相場を見通すという記事が経済雑誌やマネー雑誌に載っています。しかしその予想は非常に困難です。

　毎年正月に経済新聞の記事で、エコノミストといわれる人たちが1年間の相場を予想していますが、ほとんど当たりません。正月の予想記事を保管しておいて、その年の大納会が終わった後にでも眺めるとよくわかります。中長期の相場予測は非常に困難です。ならば余計なところに神経を使うことなく、はじめから予想を捨てるということを強くお勧めしたいと思います。投資家同士の相場談義では、よくこうした予想の話が出てきます。それはそれで楽しいのですが、これをトレードに活かそうとは考えないほうがいいでしょう。

相場は需給で動く

　株式相場は中長期では、ファンダメンタルズによって動くと言われています。しかし最初の章でも述べたとおりトレード対象としての短期では、需給によって動くと考えて良いでしょう。このうち、本書でも述べたような特殊な需給。例えば指数にからむ売買や、リ

バランスの売買は、機械的に売り買いせざるを得ない機関投資家によって引き起こされます。

それ以外の一般的な需給の変化は、投資家の心理状態が揺れ動くことによって起こされます。上げ相場のイケイケどんどんの状態、天井圏での高所恐怖症の状態、下げ相場での資産価値低下や買い玉の追証に怯えた状態ではそれぞれ全く違う相場つきになります。それは投資家の心理状態が全く違うからです。現在の相場がどのあたりに位置しているのかは、常に意識する必要があります。測定方法は、先に述べた信用損益率でもいいですし、長期の移動平均線よりも今の株価が上か下かで判断してもいいでしょう。

売買べからず集

長い間トレードをやっていると、落とし穴にはまってしまうことがよくあります。売買手法によって利益を上げるための方法論は千差万別です。しかし落とし穴に陥って大きな損失を被るパターンは不思議と手法に関係なく同じパターンになるようです。ここではこれをやってはいけないという、べからず集を挙げます。

1．資金に対してポジションは大きすぎてはいけない

証拠金取引（信用取引や先物取引、FXなど）は、レバレッジを使って自分の資金よりも大きいポジションを持つことができます。欲張って背伸びした売買をすることは破滅への入り口です。証拠金取引では、いったん証拠金が足りなくなればそれで終わりです。そ

の後どんなに回復しても、資金がなくなってしまえば後の祭りです。「片玉二分の一」という言葉があります。これは例えば1,000万円の預け金であれば、500万円分の買い、または空売りを上限に押さえましょうということです。また、夜寝られないくらいのポジションを持ってはいけないとよく言われています。過度なポジションは精神的にもきついものです。

2．説明のつかないポジションを持ったままにしてはいけない

イベントドリブンの場合、ほとんどのイベントでは利益の源泉がはっきりしています。イベントが終わっているにも関わらず買った株をそのままもっていたり、デイトレードなのに持ち越してしまったりしてはいけません。イベントドリブンはイベントが利益の源泉です。それが終われば、エッジ（統計上有利な売買）は消えているのですから、もはやギャンブルと変わりません。前の章でも触れましたが、賞味期限が過ぎたポジションはさっさと手仕舞いましょう。

3．思いつきでトレードしない

理由は「2．」と同じです。ザラ場を見ることができる環境にいると、どうしてもトレードしたくなることがあると思います。特にポジションを全く持っていない時など、ついつい手を出してしまいがちです。しかし思いつきでとったポジションがうまくいくことは少ないはずです。トレードアイデアを思いついたら、すべきことは、トレードではなくまず検証です。

4．誤発注のポジションを保持しない

　誤発注は、誰でもやってしまうものです。機関投資家でも時々誤発注があるようで、こちらは売買規模が大きいですから、マーケットに対して大きなインパクトを与えてしまうこともあります。過去にはJCOMや電通などの銘柄で大規模な誤発注がありました。私たち個人のトレーダーはそれほど規模の大きな誤発注をすることはないでしょうが、よくある間違いとしては、(1) 売りと買いの間違い、(2) 株数の間違い、(3) 銘柄の間違い、(4) 先物やオプションでの限月の間違い、(5) 発注条件の間違いなどがあります。

　(1) の売りと買いの間違いは、信用取引での空売りと信用買いを間違うケースが多いでしょう。これは意図とは全く逆のポジションを作ってしまうことになり、精神的にもダメージの大きい間違いです。

　(2) の株数の間違いも危険です。現在は単元数が100株に統一されましたが、少し前は、1株、10株、50株、100株、500株、1,000株などといろんな単元があったので間違いやすかったというのもあります。特に1株単元の株を100株買うと予定の100倍買うことになるので、マーケットへのインパクトもそれなりにあるはずです。現在でもREITは1単元ですし、ETFはいろんな単元があるので要注意です。

　(3) の銘柄間違いも比較的多い間違いでしょう。日本の株式市場は、4桁または5桁の証券コードの数字とアルファベットですから、テンキーを打ち間違えるだけで全く違う銘柄を発注してしまうことがあります。これが米国ですと、銘柄はアルファベットのシンボル

コードで、例えばマイクロソフトは、MSFT、アップルはAAPLなどと会社名が想像しやすいものになっています。

　これが同じ会社名ですと間違いやすさは相当なものです。JASDAQにIPS（4335）という会社があるのですが、同名のアイピーエス（4390）という別の会社がマザーズに上場してしまいました。同じ新興市場であり、コードも番号が近いので本当に要注意です。また製品名の方が有名な会社も間違いを誘発します。株式会社メルコホールディングス（6676）の商品にバッファローというブランド名が付けられています、パソコンが好きな方にはおなじみのブランド名ですが、カー用品を扱う会社のバッファロー（3352）も上場されています。

　(4)の限月の間違いも注意が必要です。コモデティ（商品先物）市場のサヤ取りのように、限月違いで売りと買いのポジションをとる場合特に間違いやすくなります。225miniの場合、期近限月が中心限月ですが、3月、6月、9月、12月のラージ225の期近に合わせた限月のほうが売買高は多くなります。したがって今が1月下旬だとすると、2月限より3月限のほうが出来高は多いのが普通です。

　(5)の発注条件の間違いというのは、例えば、引け成り注文を出す際に、引けの条件を指定しないと、そのまま成行の注文になりザラ場中だと瞬時に約定してしまいます。他にも新規売りと返済売りを間違えたり、現物と信用、制度信用と一般信用の間違いなど小さなものを含めればきりがありません。間違えたことに気づいたら、悔やんでいる間はありません。できるだけ早くポジションを解消して、予定していたポジションに直すべきです。ただ、マーケットに

対して大きいポジションだった場合、いきなり成行で全部のポジションを決済すると値を飛ばしてしまうこともあります。そうした場合はゆっくり板を出していくしかないのですが、通常はすぐに反対売買をするのが鉄則です。上記の「説明のつかないポジションを持ったままにしてはいけない」と同じです。

5．相場は自分の都合に合わせてくれない

マーケットはあなたの懐具合に合わせて動いてはくれません。今月は稼ぎが少ないから、ロットを増やそうとか、負けを取り戻したいから、「ここは一発いつもの倍で勝負！」のようなことをやっても相場はあなたの都合とは関係なく非情にふるまいます。

6．意地商いをしてはいけない

相場で損をすると、カッとなって頭に血がのぼることもあります。しかし相場の上げ下げで感情的になっても良いことなど全くありません。冷静さを失うと、いきなりロットを増やしたり、予定していないナンピンをやったりと、いわゆる「意地商い」をやってしまうかもしれません。ある銘柄で損をしたら、同じ銘柄で損を取り返そうと考えるかもしれません。「やられたらやり返す」という気持ちはわからなくもないのですが、相場はケンカではありません。これも意地商いの一種でしょう。大抵はこんなことをしてもうまくいきません。損の上積みになるのが関の山です。

上場されている銘柄はたくさんあります。江戸の仇を長崎で討つということわざは、お門違いを意味しますが、相場の場合は、やら

れた銘柄の仇は、別の銘柄で討とうが、先物で討とうが一向に構いません。

7．投資とトレードを一緒にしてはいけない

　投資の定義は人によって違うと思いますがここでいう投資とは、バイ・アンド・ホールドで長期的に株を保持することです。本書で紹介する売買は基本的にトレードです。トレードと投資は本質的に違います。投資は中長期的に株を保有し会社の成長によって利益を得ようとします。それに対して需給の歪みを利用するのがトレードです。この２つは、方法論、思想も哲学も異なります。もちろんどちらが良いとか優れているとかの比較は意味がありません。

　株式市場という競技場にいるのは同じですが、全く違うルールのゲームをやっているのです。トレードを志す人が一番やってはいけないことは、短期トレードでの買いの失敗をそのまま損切りせずに塩漬けにすることです。そしてこれを長期投資という理由で保有し、はじめの目的を変えてしまう。これは最悪です。もしシナリオが狂ったのなら、撤退が鉄則です。悪い癖をつけると治りません。

8．銘柄に惚れ込んではいけない

　長期投資と異なり、イベントを狙い撃ちするトレードでは、同じ銘柄を保有し続けることはほとんどありません。投資家として応援したくなる銘柄はあるかもしれません。非情ですがそれはイベントドリブンとは何の関係もないことです。どうしても買いたければ、トレードとは完全に切り分けて別口座で取引すべきです。これは前

述した投資とトレードの境界線をはっきりさせることでもあります。

9．トレードの結果をいつまでも引きずってはいけない

　負けトレードが何日も続くと、誰しも気分は良くありません。逆に会心のトレードで大儲けすると、浮かれてしまいがちです。しかし、トレードで利益を上げ続けるということは、エッジのある数多くの売買を通して、利益を残すということです。目先の損益は、多くのトレードのごく一部でしかないことを常に意識すべきだと思います。平常心でのトレードを心がけましょう。売買で勝って驕らず、負けて腐らずの精神が肝要です。自分がやるべきことをやった上で損失が出たのならそれは仕方のないことです。一種の経費と考えるとよいです。

10．無計画なナンピンをしてはいけない

　米国の相場書のほとんどは、ナンピンそのものを否定しています。相場のエントリーとエグジットを点で考えた場合たしかに、逆行している最中にポジションを追加するのは愚行にみえます。特に米国のトレード本の手法にはトレンドフォローが多く、カウンタートレード（逆張り）は少ないので、余計にナンピンを悪者扱いしている感があります。

　しかし相場を価格帯のゾーンで考えた場合には、分割売買の一種としてナンピンすることは非合理ではないと考えます。相場の底をピンポイントで当てるのは不可能です。ならば底値圏の下げで分割して買うナンピンも計画的に行う分には悪い選択ではないでしょう。

特に流動性のない銘柄を売買する場合には、自分の売買で価格にインパクトを与えて不利な価格で約定するのを防ぐためにも分割売買は不可欠です。

ただし元々するつもりのなかったナンピンは絶対にやってはいけません。例えば500株買ったあと、下がったからという理由だけで、また500株買ってしまう。さらに下げたらまた買う。このようなことをやり始めるとお金があるだけナンピンすることになり、下げれば下げるだけポジションが膨らみます。感情でナンピンなどしては絶対にいけません。

逆張りのナンピンが難しいのは、成功と失敗が紙一重であるということです。ナンピンして我慢したけど投げたところが大底だったという話はよく聞きます。この場合でも損切りラインをきちんと確立していれば、ルール通りだから仕方がないと諦めがつきますが、これを裁量でやっていると悔やんで自分を責めることになります。ナンピンは資金量に対して余裕を持って最初から計画的に実践すべきです。

11. 休まないでトレードし続けてはいけない

イベントドリブンでは、イベントがある限り一年中トレードを続けることは可能です。しかし、やはり休みを取ったほうがトータルでは良い結果になることが多いと思います。トレードは知力体力をフル稼働させているので、のべつ休まず続けて行くとかなりの疲労が蓄積します。また、ポジションを一度マルにすると、相場を客観的にみることができます。旅行にいくことが趣味のトレーダーは多

いのですが、強制的に休みを入れた方が良いことを経験則から知っているからではないでしょうか。相場でミスを連発したり、理由がよくわからない連敗を続けたりしているときは、休みを入れる良い機会だと思います。専業の投資家やトレーダーは、平日に休みを取って旅行に出かける人も多いようです。やはり休むことの大事さを知っているからではないでしょうか。

12. 家族に内緒でトレードしてはいけない

　証券会社の営業に聞いた話です。まだ今のようなネット取引が普及する前、対面取引が普通だった頃、担当営業に絶対に家には電話をするなという個人投資家が結構いたそうです。家に電話をされると、株の売買をしていることが、妻あるいは夫に知られるからという理由のようです。

　また、昔、証券会社に口座を開いた時、担当になった営業さんから、「証券会社名を出さずに個人名で電話した方がいいですか」と聞かれたことがあります。まだ携帯電話が普及する前の話で、これも家族に知られるとまずい投資家が多かったのでこんな聞き方をするのでしょう。しかしいくら電話せずとも、売買報告書などの各種書類が郵便で送られてくるので、いつかは、バレると思うのですがいかがなものでしょう。現在ではネット証券でなくても売買報告書は、PDFで発行される会社が多いのですが、それでも何がしかの郵便物は送られてきます。こそこそと家族に内緒でトレードしていたのでは、精神的にもきついと思います。家族にはきちんと理解してもらって堂々と胸を張ってトレードできる環境を整えましょう。

13. 大逆転に賭けてはいけない

自分のポジションが損勘定になっていると、「このへんで相場が反転してくれないかなぁ」と考えることはよくあると思います。しかし相場はそんな期待もむなしく逆行しつづけることがよくあります。売買は事前に決めたルールどおり粛々と進めることが大事です。

14. 社会正義をトレードに持ち込んではいけない

「こんなに素晴らしい理念のある会社なのにこんなに株価が低いのはおかしい。こんなブラック企業が値上がりするのは、間違っている」などと思うこともあります。しかしそれをトレードの理由にしてはいけません。株価の変化は企業の賞賛や制裁とは全く別です。

15. 自分のポジションを公開してはいけない

ブログやSNSで売買記録を公開している人もいるので、賛否両論あるかと思います。この項目の趣旨は、公開することによって余計なプレッシャーを受けることを避けるということです。ポジションを公開すると、どうしても、「損をするのが格好悪い」とか「うまくトレードするところを見せなければ」というような心理になりやすいと思います。またポジションに対して批評を受けることになります。真っ当な批評であればいいのですが、そうでない場合も多々あるかと思います。

SNSでは他人のポジションを批判するのが大好きな人がいるようで、ささいなことから言い争いに発展することもしばしばあります。要らぬトラブルに時間とエネルギーを割くのはつまらぬことです。

16. 他人に安易に売買の相談をしない

　トレードが上手くいかないと、一体何が悪いのか相談したくなることもあります。しかし相談相手が自分のトレードのことを熟知しているということはまずないでしょう。投資やトレードのやり方は本当に千差万別です。手法はもちろん、売買のやり方や流儀は人によってそれぞれ違います。自分のトレードは、他人にはわかりません。それがわかるのは自分自身です。だからこそ売買記録が重要なのです。また人に相談していてはいつまでたっても自立できず上達しません。

17. 相場観の議論はしない

　株の売買が好きな人の中には、相場観を戦わせることが大好きな人が少なからずいます。株が上がる理由をあれこれ述べて議論をやりだすと止まりません。初心者の方からみれば、そんな議論をする人はすごい人に見えるかもしれません。またこのような論議をすることが勉強になると思うかもしれません。しかし特にマクロでの相場観はなかなか当たりませんし、論議する意味もありません。強弱論争（上がるか下がるかの議論）は面白いのですが、上達の役には立たないのです。

18. アナリストやエコノミストの言葉をうのみにしない

　新聞や雑誌で見かける、アナリストは、セルサイドのアナリストと呼ばれています。株や投資信託を売る側の立場の人だからです。個人投資家など証券会社の客に株や投資商品を買わせることを

目的として、相場観を述べたり個別銘柄の推奨を行なったりするのが仕事です。新聞、雑誌では、証券の専門家として扱われていますが、株を買う専門家ではなく、株を「売る」つまり買わせる専門家である点に注意が必要です。株は上がるもの、という前提で文章が進められることが多いですから、常に買いバイアスがかかっています。もちろん特定の銘柄に強いアナリストは多くいますから、銘柄に対する知識を得るためには利用しても良いでしょう。

ただし銘柄の推奨を信じてはいけません。ちなみに、バイサイドのアナリストという人たちもいて、こちらはファンドなど運用会社に在籍しています。セルサイドのアナリアストとは異なり、運用の指針のために雇われています。残念ながらこちらのレポートは私たちが目にする機会はありません。その運用会社だけで活用するもので当然、社外秘だからです。

19. 銘柄を教えてもらうことは相場の勉強とは言わない

投資関係のセミナー、特に証券会社主催のものでは、セミナーの最後に、推奨銘柄を羅列するのが慣習になっているようです。筆者が、相場の世界に足を踏み入れたばかりの頃、初めて投資セミナーに参加した時のことが忘れられません。それは大手証券会社の大きな会議室でのことです。かなり年配の方々が多く参加していて、セミナー中には居眠りしている人もちらほらという状態でした。セミナーの最後に講師が推奨銘柄の銘柄コードを読み上げだすと、居眠りしていたご老人たちが一斉に起き上がり、必死の形相でメモを取っています。それは本当に異様な光景でした。まだ筆者は初心者で

したが、それでも「これはおかしいのでは？」という違和感がありました。

また、昨今SNSで知り合ったもの同士の投資仲間の勉強会でも、銘柄を聞き出すことを目的に参加しているのではないかと思われる参加者がいます。こうした場所では、銘柄を選択するまでのプロセスを勉強しにいくのであって、その過程をすべてぶっ飛ばして銘柄をメモして帰るのでは、全く意味がありません。その銘柄を買ったとして、一体そのあとどうするつもりなのでしょうか。いつ売るのでしょう？　下がったらどうするのでしょう？　他人事ながら心配になります。

20. 一度にあれこれ手を出さない

イベントの世界は広く、本書でもいろいろなものを紹介しています。でもそれらを一度にいろいろなトレードに手を出してはいけません。一つ一つの分野をマスターして完全に自分のものにしてから、次のイベントに進むべきです。そうしないと、あれこれ手を出して結局何も身につかないということになりかねません。イベントの世界に限らず、隣の芝は青く見えます。今自分が取り組んでいる売買よりも魅力的にみえることはよくあると思います。しかしそこはぐっと我慢して、今やっている売買に取り組みましょう。

21. 相場の損失を他人のせいにしてはいけない

相場の世界は自己責任が大原則です。ほとんどの人が、「そんなことわかってるよ」と言います。けれど人間の心は強くないの

で、損失が出ると、ついつい自分以外のせいにしたくなります。あなたも過去に、「証券会社の営業マンに勧められて買ったのに下がってしまった」「有名な株式評論家の言うことだから信じたのに」「Twitterですごい材料があると聞いていたのに」というような言葉が自然に出てしまったことはないでしょうか。

　また、人のせいにはしなくても、「マウスやキーボードの調子が悪いから発注ができなかった。ネットの回線が遅いから損切りできなかった」などと物やシステムのせいにしたことはないですか？　損失を自分以外のせいにするのは、楽ですが現実から逃げているので、上達の妨げになります。売買結果から目を背けると結果から学ぶことができません。

22. ニュースに振り回されてはいけない

　相場にかかわっていると、どうしてもニュースが気になります。これはある程度仕方がないのかもしれません。しかしニュースによって、予定していなかった行動をとるのは、ニュースに振り回されることになります。先に述べたように、イベントを利益の源泉にするトレーダーにとっては、ニュースは利用するものであり、決してこれに惑わされてはなりません。

おわりに

EVENT DRIVEN

本書の最初に、イベントドリブンは、ファンダメンタルズでもテクニカルでもない手法だと述べました。しかし、このことは、ファンダメンタルズ、テクニカルを勉強しなくて良いというわけではありません。

　本書をここまで読んだ方は、イベントは、非常に広い分野で発生していることを知ったと思います。世の中の多くの投資家は、ファンダ派、テクニカル派と呼ばれるようにこのどちらかで（あるいは両方で）売買の基準を判断しています。多くの投資家が何を売買判断に使っているのかを知ることは、需給の変化を捉えるには大事なことです。

　ファンダメンタルズでは、決算発表が大きなターニングポイントになります。例えばよく割安株を判断する数字である株価収益率（PER）は、決算発表までは予想利益の数字で算出されるのですが、決算発表の瞬間に実際の利益が出てきます。これが予想数字とかけ離れると、PERが大きく変動します。実際の利益が予想利益よりも少ないと、PERは上がってしまいます。バリュー株が実は割安ではなかったということもありえるわけです。そうなるとバリュー投資家は何らかの影響を市場に与えることになるでしょう。

　テクニカルの場合でも同様です。『魔術師リンダ・ラリーの短期売買入門』（パンローリング）は、短期売買の優れた戦略が数多く掲載されているもはや古典と言ってもよい書籍です。

　そんな中のひとつ「タートルスープ」という戦略があります。タートルスープは、タートルズに代表されるトレンドフォローの投資家の損切りを狙った手法です。トレンドフォロワーは、トレンドの

大きな値動きを捉えるために、小さな損切りを数多く行います。これを逆手にとって収益をあげようというのが、タートルスープです。タートルスープの戦略は、それ自体が、いわばトレンドフォロワーの損切りをイベントと考える、イベントドリブンとも言えるかもしれません。トレンドフォローの戦略は、CTAなどのファンドがよく使用するので、タートルスープも成り立つと考えられます。

　ということは、よく使用されるテクニカル指標は、逆手に取って利用できるかもしれません。移動平均スープやブレイクアウトスープも面白いのではないでしょうか。まずは、ファンダメンタルズやテクニカルに拘らず需給の変化に影響がありそうな事象を調べてみます。そして面白そうなものがあれば、それを検証します。普段の生活の中からでもアイデアは出るかもしれません。

　すべてのイベントは、このイベントを利用しようとするトレーダー（私たちのことです）が多くなって、需給が逆転した時点で機能しなくなります。よく機能しているけれど古いイベントは、気づく人が多くなって、しまいには機能しなくなります。じゃあなぜこんな本を書いたのだ？　とお叱りを受けるかもしれません。でもイベントは年々変化しています。イベントを利用して利益をあげようとするのは私たち個人トレーダーだけではありません。資金が大きく、設備にも大金をかけることができるヘッジファンドもこの中に入ります。ほとんどの大きなイベントについてヘッジファンドは把握しています。ただし相手は大規模なので、あまりニッチな分野には入ってきません。

　本書で紹介したイベントは、「需給を動かす要因」として、(1)

必ず売買しなければならない投資家の存在、(2) 売買する人の心理の変化、(3) 規制やルールなど制度が需給を歪ませる、のどれかに該当します。例外的にアノマリーと呼ばれている事象については、要因が不明ではありますが、理由があるはずです。イベントを探す上で上記3つを覚えておくと、探しやすくなると思います。イベントドリブンで楽しいのは、このイベント探しと、その検証です。それは金鉱探しにも似ています。うまく掘り当てれば、将来のキャッシュが得られるのですから。

　私がこれまで曲りなりにも、相場の世界で生き残ってこられたのは、素晴らしい人との出会いがあったからです。自分一人では到底ここまでくることはできませんでした。人との出会いは人生を変えてしまうのだと、つくづく思います。そんな道のりを歩んだ最初のきっかけは、故林輝太郎先生の著作を読んだことでした。書店でご著書を買い込んで夢中で読みましたが、どうしても理解できないことがあって、おそるおそる先生の事務所に電話をしました。林先生は、間違ったことには大変厳しい方でしたが、本当に親身になっていろいろ教えていただきました。サヤ取りの世界に入ろうとしたときも、私があまりにいろいろ瑣末な質問をするので、「とりあえずやってみなさいよ。やらないと分からないこともたくさんあるんだよ」と背中を押してくださいました。その後、出版事業をはじめたばかりのパンローリング社に集う面々との出会いがありました。

　その中には一昨年急逝した柳谷雅之氏がいました。氏はラリーウィリアムズも一目置くほどの優秀なメカニカルなトレーダーでした。私が上京する際には、毎回必ず駆けつけてくれて、酒が飲めない私

の相場談義の相手をカフェでしてくれました。まだまだ話し足りなかったのに本当に残念でなりません。

　土屋賢三氏も柳谷氏と同時期に知り合いました。氏は投資銀行やCTA、ヘッジファンドなどに勤務経験があり、プロフェッショナルの視点でマーケットについて教授してくれました。私の売買利益の源泉についての考え方は氏によるものが大きいです。

　プロディーラーの視点から多くを学ばさせてもらったのは、谷口和弘氏からです。氏は証券商品両方のマーケットに精通しており、データを駆使した検証の大切さは氏から教わったところが大きいです。

　夕凪氏は、イベントの世界では知らない人はいないと思います。私のイベントに対する知識や考え方は氏がベースです。他にもドラゴンマネー氏、マネーヘッタチャン氏。JACK氏、岡崎裕樹氏、結城武氏、ムジナ氏、投機氏からは、トレードのアイデアをたくさん頂きました。他にも名前を書ききれないほど大勢の方にお世話になりました。この場を借りてお礼申し上げます。

　本書は、妻の協力のもと休日を執筆する時間に充てることができました。ありがとう。またパンローリングの編集・営業担当者、そしてもちろん同社の後藤康徳社長がいなければ本書は成り立ちませんでした。そもそも後藤社長との出会いがなければ、間違いなく今の私は、ありませんでした。心から感謝しております。

2019年1月

羽根英樹

■著者紹介
羽根 英樹（はね・ひでき）

　1993年から始めたサヤ取りを主力にトレードする個人投資家。着実に利益を積み重ね、PanReport（パンローリング）で「サヤ取りの実践」を連載。「イベントドリブン」についてパンレポートを連載するなど、株はイベントトレードをメインに活動し、情報発信も積極的に行う。セミナー講師としても絶大な人気がある。

　著書にサヤ取りの秘密を暴露しすぎと一部の投資家から怒られた『サヤ取り入門』のリニューアル版『サヤ取り入門［増補版］リスク管理と堅実リターンの究極手法』や『マンガ サヤ取り入門の入門』『マンガ 商品先物取引入門の入門』、セミナーDVDに『ファクターモデルとイベント投資 新興市場の攻略』『個人でできるヘッジファンドの戦略 アルファを得るトレード戦略』（以上、パンローリング）など。

本書の感想をお寄せください。

お読みになった感想を下記サイトまでお送りください。
書評として採用させていただいた方には、
弊社通販サイトで使えるポイントを進呈いたします。

https://www.panrolling.com/execs/review.cgi?c=wb

2019年3月3日　初版第1刷発行
2021年4月1日　　　第2刷発行
2024年8月1日　　　第3刷発行

現代の錬金術師シリーズ ⑮

イベントドリブントレード入門
―― 価格変動の要因分析から導く出口戦略

著　者　羽根英樹
発行者　後藤康徳
発行所　パンローリング株式会社
　　　　〒160-0023　東京都新宿区西新宿7-9-18 6階
　　　　TEL 03-5386-7391　FAX 03-5386-7393
　　　　http://www.panrolling.com
　　　　E-mail　info@panrolling.com
装　丁　パンローリング装丁室
組　版　パンローリング制作室
印刷・製本　株式会社シナノ
ISBN978-4-7759-9166-4

落丁・乱丁本はお取り替えします。
また、本書の全部、または一部を複写・複製・転訳載、および磁気・光記録媒体に入力すること
などは、著作権法上の例外を除き禁じられています。

本文・図表　©Hideki Hane　／図表　©Pan Rolling 2019 Printed in Japan

【免責事項】
本書で紹介している方法や技術、指標が利益を生む、あるいは損失につながることはないと
仮定してはなりません。過去の結果は必ずしも将来の結果を示すものではなく、本書の実例
は教育的な目的のみで用いられるものです。

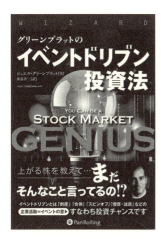

ウィザードブックシリーズ 360

グリーンブラットの
イベントドリブン投資法

ジョエル・グリーンブラット【著】

定価 本体2,800円+税　ISBN:9784775973295

「投資のエリート」を出し抜く
「相場の天才になる方法」とは？

専門家たちが専門家として受けた教育ゆえに見逃してしまう投資のチャンスをどうしたら発見できるかを、本書は教えている。個人投資家がウォール街のプロたちに対して、圧倒的な優位に立てる場所、地図さえないその場所に待つ隠された宝や信じられないほどの利益を、読者は学んでいくだろう。この本は理論的に可能だということを詰め込んだ本ではない――「相場の天才に変身する方法」は、大きな利益が実際に可能となる特殊状況を発見するための実践的なガイドだ。

ウィザードブックシリーズ 204

アノマリー投資
市場のサイクルは永遠なり

ジェフリー・A・ハーシュ【著】

定価 本体2,200円+税　ISBN:9784775971710

歴史（マーケット）は何度も何度も繰り返す！ 知っておくのと知らないのでは大差がつく市場のサイクル

いかなるときでも、株式市場の方向性を予測するのは、不可能とは言えなくとも大変難しいものだ。しかし、市場に明確で予測できる周期的なパターンがあることもまた事実である。例えば歴史的に見ると、株を保有する最高の半年は11月から4月までであり、10月か11月に買って4月か5月に手仕舞えば、利益を増やしつつ、リスクを大幅に減らすことができる。市場について、ほかにどういう重要な教訓が歴史から得られるだろうか？ 投資戦略を最適なものにするために、知っておくべき重要なサイクルやパターンは何だろうか？ 本書でそれを見つけてほしい。